나사니엘 호손 단편과 『주홍글자』

개인의 삶과 사회적 질서의 관계 연구

나사니엘 호손 단편과 『주홍글자』 연구

개인의 삶과
사회적 질서의 관계

| 정혜옥 지음 |

도서출판 동인

책머리에 ● ● ●

    나사니엘 호손(Nathaniel Hawthorne)만큼 다양하게 해석이 가능한 작가는 미국문학 전체를 두고 살펴볼 때 그리 흔하지 않다. 그것은 그가 보여주는 삶의 다양성과 신비함 그리고 비극성, 또 그것들에 대한 그의 정직한 통찰과 혜안에서 비롯되었을 것이다. 이와 같이 비범한 작가를 나의 가장 오랜 친구이자 스승으로 인연을 맺은 것은 내가 인생에서 얻었던 가장 큰 행운 가운데 하나라고 생각한다.
    대학시절 읽었던 『주홍글자』로 만난 이래 지금까지 그는 내게 삶의 신비와 아름다움 그리고 엄정함을 가르쳐준 사람이었다. 삶과의 부대낌에서 상처를 입고 낙심해 있을 때 그는 내게 이 세상에서 오직 나 홀로 그런 좌절을 겪고 사는 것이 아니라는 이야기를 아주 조용히 그리고 설득력 있게 해준 사람이었고 어려움 속에서도 최선을 다해 살도록 격려를 해준 사람이었다. 그리고 풀 수 없는 실타래처럼 얽힌 관계 속에서 존재해야 하는 인간의 비극적 상황 속에서도 인간은 타인과의 관계 속에서 존재할 수밖에 없으며 모든 인간의 마음에 내재해있는 "사랑과 연민"을 찾는 눈을, 그리고 다른 인간에 대한 이해와 공감을 가지도록 일러주었다.

　이 책은 주로 호손의 주요 단편들을 검토하여 사회와 관계를 맺고 살아야 하는 모든 인간들의 제 문제, 즉 사회의 지배적인 질서와 부딪치면서 정체성을 형성해가는 구성원들의 다양한 노력과 좌절을 포착하고자 하였다. 또한 선악이 혼재하는 삶에서 리얼리티를 파악하고 진리를 규명하는 일이 얼마나 지난한 일인지를 추적하였다.

　호손 단편의 거의 모든 주제들이 망라되어 좀 더 깊고 넓게 논의되는 『주홍글자』는 인간의 자아에 대한 신념과 사회의 개선 가능성에 대한 희망, 그리고 인간의 존재론적 현실의 인식이라는 서로 상반되는 입장을 무리 없이 수용하는 균형 감각과 압축된 구조, 그리고 간결한 언어가 만들어내는 완결미를 보여준다. 헤스터라는 강인하면서도 부드러운 여성을 통해 작가는 사회의 제재를 극복하고 개인의 질서를 세울 수 있다는 가능성에 대한 믿음과, 사회와 유리된 자아는 극히 위험하며 인간은 사회 내에서만 존재 가능하다는 상호모순적인 사실을 변증법적으로 제시한다. 그리고 그녀의 일생을 통해 호손은 사회의 개혁이란 억압적인 권위와 압도하는 구호가 아닌 작은 사랑의 실천으로 점진적으로 실현해가는 것이라는 주장을 펼친다.

　이 책의 뿌리가 된 박사 학위 논문을 쓸 때 어린 두 아이와 아무런 대책이 없던 막내딸이 논문에만 정진할 수 있도록 정신적으로 재정적으로 든든한 버팀목이 되어 주셨던, 지금은 하늘나라에서 부족한 딸을 지켜보고 계실 어머니께 이 책을 바친다. 그리고 이 책을 꼼꼼하게 읽어준 나의 조카 변영효 양에게 감사의 말을 전한다.

담긴 내용 ● ● ●

■ 책머리에 … 5

제1장 나사니엘 호손과 미국사회 • 9

제2장 청교도 사회의 건설 • 25
    1. 미국사회의 선택 -「메리 마운트의 오월주」… 29
    2. 청교도적 태도의 양면성 -「엔디컷과 붉은 십자가기」… 37
    3. 질서의 형성 -「유순한 소년」… 43

제3장 독립된 자아의 탐색 • 55
    1. 권위의 두 얼굴 -「내 친척 몰리네 대령」… 58
    2. 좌절된 저항 -「로저 멜빈의 매장」… 70
    3. 믿음의 상실 -「젊은 굿맨 브라운」… 85

제4장 새로운 질서의 모색 • 99
    1. 실존 한계의 도전 -「반점」… 101
    2. 새로운 질서의 양면성 -「라파치니 박사의 딸」… 112
    3. 개인적 질서의 확립과 소외 -「아름다움의 예술가」… 128

제5장 새로운 자아의 모색 • 145
    1. 구질서의 추종자 – 아서 딤스데일 … 149
    2. 신질서의 추종자 – 로저 칠링워스 … 161
    3. 새로운 자아의 설정 – 헤스터 프린 … 169

제6장 결론: 진리의 복합적인 조망 • 187

■ 호손 연보 … 197
■ 참고문헌 … 200
■ 찾아보기 … 207

제1장

나사니엘 호손과 미국사회

호손(Nathaniel Hawthorne)은 많은 비평가들로부터 종종 현실과 유리되어 있으며 사회적 문제를 다루지 않는 작가로 평가되어 왔다. 그 자신이 단편집 『두 번 하는 이야기』(Twice-Told Tales)의 1851년판 「서문」에서 자기 글에 대해 "그림자 같고 실체가 없다"(Tales 290)[1]고 평한 적이 있고, 그가 인간의 외적 행동보다는 그 행동을 이해 가능하게 만드는 인간성의 내적 의미를 탐색하는데 주력했으며, 그의 많은 인물들이 사회적으로 고립되어 있다는 사실 등으로 인해, 그는 현실 세계와 거리를 둔 작가로 간주되어 왔다.[2] 호손이 이런 평을 받게 된 데에는 대학 졸업 후 12년에 걸친 은둔 생활과 그 특유의 수줍고 현실에 초연한 듯한 태도 역

---

1) Nathaniel Hawthorne, *Nathaniel Hawthorne Tales,* ed. James McIntosh, New York: Norton, 1987. 이후부터는 *Tales*라고 칭함. 본 저서에서 언급한 단편들의 페이지 표기는 이 책에 준함.
2) Granville Hicks, Lloyd Morris, V. S. Calverton 등은 호손이 일부러 다른 이들로부터 자신을 고립시켰다는 견해를 지닌다.

시 한몫을 했었다.

그러나 어머니에게 보낸 편지에서 작가가 되겠다고 의사를 밝히면서 그가 "후세를 위해 사라지지 않고 계속 남는 책을 만드는 유일한 길은 자기 시대에 진실되고 현명하게 사는 것"(Stewart, *A Biography* 11)이라고 했던 그가 사회에 관심을 기울이지 않았을 것이라고 판단하기는 어렵다. 많은 평자들은 호손이 새뮤엘 굿리치(Samuel Goodrich)의 유능한 편집자였으며 실험 공동체 부룩 팜(Brook Farm)에 참여했었고 세관 직원으로서 근무했던 사실과, 피어스(Pierce) 대통령의 선거용 자서전을 집필했으며 아주 일을 잘하는 영국 리버풀 시의 영사였다는 것을 종종 간과하고 있다. 매티센(F. O. Matthiessen)은 "많은 사람들이 호손의 비극적 깊이에 대해서는 깨닫고 있으면서도 그가 다루는 문제들이 당시 사회와 직접적인 관계가 있다는 사실을 인식하고 있는 사람은 별로 없다"(234)고 지적한 바 있다. 그의 편지들과 『노트북』(*Notebook*)에 나타나는 사회에 참여하지 못하는 자신에 대한 좌절감과 그가 창조한 많은 인물들이 고립되어 있는 사실은 호손이 사회에 관심이 없었기 때문이라는 주장을 뒷받침하지 못한다. 그것은 그가 보다 근본적인 문제 즉 앞서 얘기했던 바와 같이 인간 행동의 표면보다는 그 동기에 더 많은 관심을 기울였고, 인간이 존재해야 하는 장으로서의 사회와, 개인의 사회 참여의 중요성을 깊이 인식했기 때문에 좌절하는 인물을 그렸다고 볼 수 있다. 호손은 소외된 인물들의 어두운 삶을 통해 역설적으로 사회와 그 구성원 간의 유대관계의 중요성을 더욱 효과적으로 피력하고 있다. 해리 레빈(Harry Levin)은 호손이 "삶에 냉철한 시선을 던지지만, 차가운 지성인들을 혐오함으로써 동료애와 사회의 자력 같은 힘의 중요성을 간접적으로 피력한다"(69)고 호손의 독특한 태도를 지적한다.

 10여 년 간 발표했던 단편들을 책으로 묶기 위해 다시 훑어보면서 자기 작품들에 대한 그간의 평을 인식한 듯 호손은 "내 이야기(tales)들은 마음과 정신에 파묻혀 있던 자의 것이 아니라 세상과의 대화를 트고자 한 시도"(*Tales* 291)라고 밝힌 바 있다. 『낡은 목사관의 이끼들』(*Mosses from an Old Manse*)의 서평에서 "모든 천재는 시대의 일부분이다. 그들 자체가 시대이며 그들은 시대에 상응하는 색채를 지닌다"(*Tales* 342)고 했던 멜빌(Herman Melville)의 지적처럼 호손의 문학에는 그가 살던 사회가 굴절되어 나타난다. 그는 T. S. 엘리어트(T. S. Eliot)가 평가했던 대로 그 나름의 자기 시대의 감각을 포착한 것이다(Matthiessen 193 재인용). 사실 미국의 고전 작가 가운데 자기 시대의 일에 호손만큼 광범위하게 관여한 사람도 드물다.

 '사회적 존재'로서의 인간의 문제 곧 사회와 개인의 관계 그리고 개인과 개인의 유대 설립의 가능성은 호손이 몰두했던 문제 중의 하나이다. 그는 하이어트 웨고너(Hyatt Waggoner)의 주장과 같이 어떤 작가보다도 의사소통과 공동체에 높은 가치를 두었던 사람이다(13). 사회 참여의 필요성에 대한 그의 견해는 일찍이 17세 때 집안 식구들을 위해 만든 신문에 쓴 「고독에 관하여」("On Solitude")에도 나타난다.

> 인간은 타고난 사회적인 존재이다… 정신의 완전한 에너지가 충전되는 곳은 사회이다. 아마도 대중이 추구하는 것과 갈등으로부터 떨어져 있으면 인생은 좀 더 조용하게 지나갈 것이다, 그러나 열정의 소용돌이와 열망이 무관심하고 냉정한 차분함보다는 더 나은 것이다 (Turner, *Biography*, v 재인용).

그의 대부분의 작품들은 '의사소통과 공동체'에 대한 열망을, 체스터 E. 아이징거(Chester E. Eisinger)가 지적했다시피 부정적인 언어로 이야기함으로써 결과적으로 더 강하게 표현하였다고 말할 수 있다(31). 이렇게 볼 때 호손은 광의의 '정치적 작가'라고 할 수 있다. 호손이 인간은 궁극적으로 사회와 분리되어 존재할 수 없다고 생각하는 점에서, 개인의 행동이 공공의 장에서 벗어나 순전히 사적인 세계로 빠져드는 것을 반대한다는 점에서 그렇다는 것이다. 그는 기존의 사회 질서가 개인의 삶을 억압하는 성향에 대해 비판적이며 그것에 저항하면서도, 사회적 제재를 거부하고 사회와 완전히 유리되어버린 개인의 절대적 자유에 대해서도 반대한다. 개인의 삶이란 공공질서와 긴밀하게 연결되어 있어야만 한다는 것이다. 그는 개인이 좀 더 큰 사회와의 관계 속에 존재하지 않으면 인간은 마치 진공 상태에 존재하는 것이나 같다고 말한다. 이런 공적 질서의 진공 상태는 지나친 억압 상태와 마찬가지로 인간을 극단으로 치우치게 해 종국에는 파멸에 이르게 한다는 것이다.

개인이 극단으로 치우치지 않고 생기 있고 온건한 정신을 유지하기 위해서는 사회와의 유대가 필요하다는 것을 호손은 강조하면서도, 공공질서를 개인의 복지에 우선시킬 수밖에 없는 사회 질서가 개인의 개별적이고 구체적인 삶을 왜곡하고 파괴시키는 경향을 간과하지 않는다. 사회 구조가 확립되어 있지 않고 빠르게 변화되면서, 개인의 개성을 사회적 가치에 끈질기게 순응시키려는 사회에 살았던 자신의 문제를, 그는 사회적 권위와 질서 그리고 이들의 영향 아래 살아야 하는 개인의 삶에 대한 성찰이라는 보편적인 문제로 확장해 간다.

호손으로 하여금 사회 속의 개인의 삶에 대해 숙고할 수 있는 장을 마련해 준 그가 살던 당시의 미국은 남북전쟁 이후 두드러지게 나타나는 물질주의와 상업화의 조짐이 시작되던 사회적, 지적, 종교적 면에 있어서 많은 변화가 진행되던 시대였다. 당시 미국인들은 계몽주의 철학과 더불어 등장한 진보주의의 영향을 받아 "모든 인간이 완전한 자유와 해방을 획득할 수 있는 황금시대로 나아가고 있으며 미국은 신의 계획의 열매"(Grob 6)임을 확신했었다. 이러한 사고방식에 발맞추어, 인간은 신의 의지에 따라 움직일 수밖에 없다는 인간의 수동성을 근간으로 하는 캘비니즘(Calvinism)은 쇠퇴하고, "자유의지, 자유기도, 모든 사람의 개종에 대한 무한한 기대라는 여러 교의"를 기본으로 모든 사람의 구원 가능성을 주장하는 아르미니아니즘(Arminianism)이 널리 받아들여지게 되었다(Smith 89). 능력과 의지에 의해 자기 운명을 개척할 수 있다고 믿었던 당대인들은 사회 전반에 걸친 불평등과 부조리의 척결과 개선이 가능하다고 확신했었다. 따라서 그들은 "기회와 부의 평등한 분배"를 실천하기 위해 사회 전반에 걸쳐 대대적인 개혁운동을 전개하였다(Nye 353).

호손은 "19세기 당시의 인간과 사회의 완전성에 대한 믿음과 지적 열기의 산물"(Turner, *A Biography* 130)이라 평가된 바 있는 부룩 팜이라는 이상주의 실험 집단에 참여했을 만큼 인간의 도덕적 개혁을 믿었으면서도 당시 그의 경제적 형편으로는 상당히 큰돈인 500불이라는 투자비용을 되찾지도 않고 그 집단을 떠나버렸을 정도로 개혁의 진정한 가능성에 회의적이었다. 그는 개인의 사생활이 허용되지 않는 집단 생활을 견디지 못했으며, 염증을 냈던 세관 생활보다 그 곳 생활이 글 쓰는 일에 더 적대적이라는 것을 깨달았다. 그의 작품 역시 인간의 개혁 의지와 가능성에 관한 신념과 함께 그에 대한 회의적 관점이 이율배반적으로 얽혀 있음을 볼 수 있다. 호손은 인간에게 자기 한계를 극복하고 개선하려는 노력이 절대 필요한 일임을 주장하면서도 과연 진보와 개혁이 잭슨주의자들의 주장과 같이 그렇게 빠르게 성취될 수 있는 용이한 일인가에 대해 의문을 표시했었다. 「지상의 대학살」("Earth's Holocaust")에서 세상의 악을 제거하기 위해 모든 인습적인 것을 태워버리는 행동을 처음부터 끝까지 지켜보던 방랑자가 "이 현명한 체하는 사람들이 불 속에 던지는 것을 잊어버린 게 하나 있는데, 그것 없이는 이 불꽃은 전혀 쓸모가 없다. … 그것은 인간의 마음이다!"(*Tales* 158)라고 한 것이나 『주홍글자』(*The Scarlet Letter*)에서 헤스터(Hester)가 소망하는 미래의 세계는 남자와 여자의 근본이 바뀌지 않으면 어떠한 개혁도 불가능하다고 한 화자의 말이 보여주듯 인간 자체가 변화되지 않는다면 어떠한 개혁도 가능하지 않다는 점을 그는 깨닫고 있었다.

호손은 개혁의 가능성과 마찬가지로 민주주의라는 정치체제에도 양가적인 의견을 지니고 있었다. 특권 계층보다는 평민을 옹호하는 잭슨 대통령(Andrew Jackson)의 정책에는 근본적으로 동조하였으나 "반대파를 가차 없이 파면해버리는 그의 정치스타일"(Unger 249)을 일례로 당시의 정치적 성향, 즉 자기 정책을 거부하는 자들을 예외 없이 처단하는 행동에서 비롯되는 문제들을 호손은 작품을 통해 드러낸다. 그는 "인간이 하나의 이상만을 향해 돌진할 때 나타나는 본질적인 비인간성"(Wagenknecht 118)을 깊이 인식하고 있었다. 그는 미국의 정치 체제가 구세계의 그것에 비해 우월하다는 점에는 의심이 없었으나 민주주의와 정치적 개혁을 주도하는 대중의 정체에 대해서는 회의적이었다. 그는 "이제 시작한 민주주의의 이상"에 헌신적인 태도를 고수하고자 의식적으로 노력하였지만 "옛 전통을 지닌 귀족 사회에 대한 애정"을 완전히 부인할 수 없었다 (Schneider 142). 그는 하나의 이상을 실현하기 위해 인간이 너무나 편협하게 분파적이고 딱딱하게 교조적이 되는 것을 원치 않았다. 그는 당시 정치적, 사회적, 도덕적 개혁에 관한 열정을 총체적으로 수렴했던 노예 폐지론과 남북전쟁을 주도하던 이들의 과격한 태도에 비판적이었으며 하나의 이상을 관철하기 위해 많은 희생을 수반하는 전쟁도 마다하지 않는 극단성에 대해서 반대했었다. 노예문제에 관한 호손의 태도에 관해 앨린 플린트(Allin Flint)는 다음과 같이 적절하게 지적하고 있다.

> 그는 흑인들의 열등함에 대해서는 확신했었지만 노예들에 대해서는 동정심을 지니고 있었다. 그는 노예해방에 대한 어떤 계획에 대해서도 거부하였고, 노예 폐지론자들의 급진론에 대해서는 더욱 거부했었다. 그는 통합을 원했지만 전쟁이라는 대가를 치루면서까지는 아니었다(408).

남북전쟁이라는 역사적인 거대한 사건으로 이어지게 된 19세기 당시 개혁정책과 긴밀하게 관련되어 있으며, 실용주의와 상업성을 점점 더 강조하게 된 사회의 실질적인 이익과 밀접한 유니테리아니즘(Unitarianism)에 대해서도 호손은 비판적인 태도를 취한다. 초월주의 철학(Transcendentalism)을 대표하는 에머슨(Emerson)이 유니테리언 교회의 목사였던 사실에서 알 수 있듯이 유니테리아니즘과 긴밀하게 연결된 초월주의에 대해서도 그는 수긍할 수 없었다. 그는 에머슨을 "심오한 미와 부드러움의 시인"으로 존경했으나 "철학가로서의 그에게서 아무 것도 찾지 않았다"(*Tales* 286)고 했을 만큼 에머슨의 철학에 거부감을 표했었다. 초절주의자들의 이상주의에 동조하기에는 그는 인간의 생에 관여하는 여러 관계와 그리고 그 관계의 복합성과 모순을 깊이 인식하고 있었다.

"신의 불가해한 뜻 앞에서 비롯되는 비극과 겸허함과 경건함"(Schneider 260)의 태도를 상실하고, 사회적 성공이 바로 신의 축복이라 생각되던 사회에서, 사회적, 도덕적, 경제적 실패의 가능성에 대해 개인이 갖게 되는 불안감을 호손 그 자신이 느꼈으며 주위에서도 충분히 관찰할 수 있었다. 인간이 사회 구조 내에서 위치를 설정하는 데 근간이 되는 사회 계층과 위계질서가 확립되지 않고 오직 의지와 능력에 의해 자기 자리와 역할을 찾아야 하는 유동적인 신생 사회의 개인들이 갖는 불안감을 호손은 「직업소개소」("The Intelligence Office")에서 일자리를 애걸하는 인물의 절규를 통해 나타내고 있다.

"난 내 자리를 원해요! 나 자신의 자리요! 이 세상에서 진정한 내 자리를! 내 몫을! 내가 할 일을, 자연이 나를 이렇게 만들었을 때 내가 하도록 의도했던 내 일을, 그 일을 난 일생 동안 헛되이 찾아 다녔어요!"(Mosses 334)

이 인물의 호소는 사회 속에서 자기 위치를 설정해 사회적인 인정을 원하는 소외된 인간의 고통을 보여준다. 헨리 페어뱅크스(Henry Fairbanks)가 지적했듯이, 호손이 창조한 이런 소외된 인물들의 고통이 중요한 의미를 갖는 까닭은 그것이 미국인들이 공통적으로 겪는 초조함과 불안을 반영하기 때문이다(vii).

호손은 그 시대의 문제와 개인과 사회적 질서와의 관계라는 주제를 다루기 위해 자기 나라의 출발점으로 되돌아간다. 그에게 있어 과거는 인간사에 관한 지혜와 균형의 기본으로 인식되었으며 현재를 비추는 하나의 거울을 제공했다고 볼 수 있다. 호손은 당대의 검열로부터 상상력을 자유롭게 펴기 위해 과거의 위장이 필요했던 것이다. 그가 창조한 17세기의 뉴잉글랜드 사회는 역사적으로 정확하게 재현된 사회도 아니고 19세기 당시 미국을 있는 그대로 그린 것도 아니다. 그는 자기가 겪은 체험의 깊숙한 곳에서 떠오르는 이미지를 창조한 것이다. A. N. 콜(A. N. Kaul)의 지적처럼 호손이 그리는 17세기 사회는 상상의 영역에서 예술가가 미국적 체험의 본질을 다루는 곳이며 성실한 민주 시민으로서 자기 나라의 유산을 평가하고 비판자가 되는데 자유로울 수 있는 곳이다(146).

    이 책은 미국의 설립에서 호손 당대에 이르기까지 주도적 역할을 했던 사회적 권위와 질서가 어떻게 형성되고 그것들이 어떤 과정을 거쳐 기본 질서로 수용되는지 그리고 그 과정에서 개인의 삶이 어떠한 영향을 행사하는가에 대한 호손의 고찰에 초점을 맞추고자 한다. 좀 더 구체적으로 미국 사회의 틀을 형성하는 데 기여한 여러 사회 질서 가운데 가장 근본적인 바탕을 이룩한 종교와 과학이 지배적인 질서로 자리잡게 되는 과정과 개인이 이들 질서에 순응하지 못하고 부딪치게 될 때 개인의 삶에 일어나는 변화, 곧 사회와 다른 사람들로부터 소외되어 종국에는 파괴당하는 궤적을 추적한다. 그리고 소외와 파멸을 극복하고자 하는 방법의 일환으로서 자기 고유의 질서, 새로운 자아를 창출하고자 하는 노력을 찾아보고자 한다.

    미국의 설립과 발전에 근간이 된 종교와 과학은 리얼리티의 파악에 있어 서로 대치되는 입장이면서도 그것들이 각기 개인의 구체적 자아를 추상화시킨다는 점에서 공통된다. 먼저 미국이란 나라를 존재하게 하는 가장 중요한 동기를 이룬 종교는 미국인들에게 거의 절대적 의미를 지니는 것이었다. 청교도들이 "신세계로 이주해온 가장 큰 목적은 외부 권력의 도전과 간섭 혹은 박해를 받지 않고 신과 계약을 맺은 교회를 세우고 또 유지할 수 있었기 때문이었다"(Kaul 13). 그들이 고향을 떠나 신세계로 온 가장 중요한동기를 부여한 청교주의(Puritanism)는 자연 그들이 건설하는 사회 규범과 조직 원리로 자리 잡았다. 종교의 율법과 사회 규범이 분리되지 않게 됨에 따라 종교는 미국인의 정신세계를 지배하는 절대적인 권위가 되었다. 미국인들의 종교적 태도는 점차 청교도 제 1세대가 지녔던 경건함과 독단성을 잃고 세속화되어 갔으나 1830년 미국을 방문한 토크빌(Alexis de Tocqueville)이 "세계 어느 나라에서도 미국에서만큼 기독교가 인간의 영혼에 큰 영향력을 끼친 곳을 찾을 수 없다"(314)고 했을 정도로 종교는 미국인들에게 깊이 침투해 있었으며 막대한 영향력을 행사했다.

 미국인의 행동을 설명할 수 있는 가장 큰 동기를 제공하는 청교주의에 대한 호손의 관심은 지대했었다. 그의 문학에서 "17세기 청교도 사회는 근본적인 미국적 태도와 인물 그리고 이상을 형성하는 데 절대적 영향을 끼쳤다"(Kaul 142). 그러나 청교주의에 관한 그의 관심을 신학적이라고는 할 수 없다. 그가 종교에 관심을 갖는 가장 중요한 이유는 미국의 지적 기류가 공시적으로나 통시적으로 종교적 가치에 의해 총체적인 응집력을 갖기 때문이다. 그는 미국인의 삶에 지대한 영향을 끼친 기존의 권위와 하나의 사회적 제도로서, 그리고 인간 정신의 탐색의 길잡이로서 청교주의라는 종교에 깊이 몰두했었다. 보편적 질서로서의 종교적 믿음에 순응할 수 없는 인간들의 고통과 믿음의 상실 뒤에 겪는 혼란과 방황을 통해 그는 인간 존재의 기본적인 조건으로서의 종교와 개인의 관계를 성찰했었다.

절대적 진리로서 종교의 위치가 흔들리기 시작했던 르네상스 이후 발전되기 시작한 과학은 종교를 삶을 해명하는 총체적 진리로 받아들일 수 없던 사람들에게 그것을 대체하는 현실적 진리로 수용되었다. 모든 것이 실증적으로 증명되기를 요구하는 과학은 종교라는 추상적이고 절대적 권위에 대응할 수 있는 이론적 근거를 인간에게 제공했으며 과학이 제공하는 실질적인 위력은 인간에게 자연을 이용하고 변화시킬 수 있는 물리적 힘을 부여해 인간의 한계를 극복 가능하게 만든 능력을 주게 되었다. 그러나 총체적 권위로서의 종교의 위치가 흔들리고 과학이 현실적 권위로 수용되는 변화는 인간에게 도덕적, 종교적, 과학적 권위 사이의 분열에서 오는 긴장을 야기하게 했으며 제도화되고 총체적인 진리를 상실하게 된 인간은 불가해한 우주에 접근하는 하나의 수단으로서 개인의 지각 작용을 중요시하게 되었다. 과학은 우주를 이해하는 논리적 방식을 제공하는 듯이 보이지만, 감각적 인지와 실증적 연구로 우주를 이해하려는 객관적인 시도와, 물질에 정신적 의미를 부여하는 연금술적인 세계로 회귀하려는 분열된 태도의 긴장을 발생시킨다.

호손은 과학의 긍정적인 면, 즉 과학의 열매인 기술이 인간에게 자연의 제약을 극복하고 물질적 개선을 가능하게 해줄 수 있는 점은 인정하면서도 그것이 갖는 부정적인 면에 대해 우려를 표한다. 과학의 냉정한 사실들이 인간의 정신적인 면을 포용할 수 있는가? 기계적 완벽을 추구하는 과학이 인간의 원초적 불완전함을 어떻게 설명할 것인가? 인간에게 물리적인 면에서 인간적 제약을 극복할 수 있는 수단을 제공한 과학은 거기에서 야기될 수 있는 긴장을 해결하는 정신적 능력은 주지 못하지 않는가? 이러한 의문들에 대해 과학을 다루는 호손의 단편들의 초점이 맞추어진다. 이런 모순된 사실들이 빚어내는 긴장이 인간에게 어떤 영향을 끼치며 과학의 힘으로 가능하게 된 위력에 인간은 어떠한 대가를 치르게 되는가에 대한 문제에 호손은 깊은 관심을 기울였다. 과학이 갖는 이런 양면적 특성 즉 과학은 인간으로 하여금 받은 만큼의 대가를 치르도록 한다는 점을 호손의 과학자들에게서 찾게 된다. 호손은 19세기 인들에게 신의 위력을 대신할 수도 있는 현실적 질서로 수용된 과학이 인간의 삶을 포함하는 자연의 모든 작용을 설명할 수 없으며 구체적인 삶의 요구도 포용할 수도 없음을 파악하고 있었다.

    인간의 노력으로 신의 의지에 역동적으로 작용할 수 있다는 종교관을 지닌 사람들이 현 세상에서 완벽한 사회 건설이 가능하다고 확신하며 추진했던 19세기 잭슨 시대의 개혁 운동과 진보관에 부합되는 것으로서, 그리고 미개척지가 광활하게 펼쳐져 있던 상황에서 과학은 적극적으로 수용되기 시작하였다. 호손은 과학의 위력에 놀라와 하면서도, 당시 많은 사람들이 갖고 있던 사고 즉 과학은 인간 한계를 극복하는 데 도움이 될 뿐 아니라, 인간으로 하여금 스스로 운명을 창조하는 자율성을 지닌 존재라고 믿도록 만든 과학의 영향력에 대해 심각한 우려를 나타냈었다. 그는 당시 미국인들의 사고에 절대적 영향을 끼친 종교와 과학이라는 두 개의 질서를 이 나라의 출발점에서부터 검토한다.

    뉴잉글랜드 지방의 청교도들의 체험과 일련의 과학자들을 다룬 단편들과 이들 단편들의 주제들을 총체적으로 망라하는 『주홍글자』에서 호손은 종교와 과학이 어떤 과정을 통해 기본적인 질서로 받아들여지고 또 도전을 받게 되는지, 그리고 이 기본적인 질서들이 개인이 자아를 지탱하는 데 어떻게 부정적인 영향을 행사하는지를 보여준다. 그러나 동시에 개인에게 강제적인 힘을 행사하는 사회 질서가 인간 존재에 필수적이라는 점도 나란히 제시한다. 사회의 제재를 벗어나 개인의 질서를 세울 수 있다는 가능성에 대한 믿음과, 다른 한편으로 사회와 유리된 자아는 극히 위험한 것이며 인간은 사회 내에서만 존재 가능하다는 상호 모순적인 사실을 호손은 헤스터(Hester)라는 새로운 인물을 통해 변증법적으로 보여준다. 인간 변화에 대한 헤스터의 낙관적인 믿음에 공감하면서도 호손은 현실 조건에서 벗어나는 그녀의 사고를 하나의 아이디어로만 제시할 뿐이다.

그가 헤스터를 통해 보여준 인간의 자아에 대한 신념과, 인간의 존재론적 현실에 대한 인식이라는 서로 상반되는 입장을 무리 없이 수용하는 균형감각과, 압축된 구조, 그리고 간결한 언어가 만들어내는 전완성을 『주홍글자』 이후 작품에서는 찾아보기 어렵다. 의도적으로 밝은 요소를 삽입함으로써 부자연스러운 결말 부분을 보여주는 『일곱 박공의 집』(The House of Seven Gables), 객관적 관점이 없이 자기중심적이며 어떠한 것도 명쾌하게 밝혀지지 않고 너무나 많은 것들이 독자의 추측에 맡겨지는 『블라이드데일 로만스』(The Blithedale Romance), 그리고 그가 의도했던 자연상태의 이상적인 인간을 보여주지 못하고 더욱 부자연스러운 인물로 만들어버린 『대리석 목양신』(The Marble Faun)에서는 앞서 말한 주제들이 그 이전의 걸작 단편들과 『주홍글자』에서 만큼 성공적으로 제시되지 않는다. 뿐만 아니라 그는 헤스터와 같은 강인하며 깊은 아름다움을 지닌 인물을 다시는 창조하지 못한다. 흔히 헤스터와 비슷한 인물로 분류되는 『블라이드데일 로만스』의 제노비아(Zenobia)는 자기 기만에 빠져 있으며 『대리석 목양신』의 미리엄(Miriam)은 낭만적 맹목성만을 보여준다.

본 저서는 『주홍글자』 외에 주로 단편들을 다루고 있는데 호손의 단편의 중요성은 이미 알려진 바 있으나 여기에서 또 한 번 그의 단편의 중요성을 확인할 필요성이 있다. "짧은 길이와 시간 내에 주인공의 과거와 현재 그리고 미래를 꿰뚫을 수 있는 결정적인 순간을 포착해야 하는"(Janeway 156) 단편이 압축성, 독창성, 창의성을 특징으로 소설과 구분될 때 호손의 단편은 단편의 모든 요소가 성공적으로 융합된 독창적인 세계를 보여준다. 그런 점에서 19세기 단편 소설의 이론을 정립하는 데 지대한 영향을 끼친 에드거 엘런 포우(Edgar Allan Poe)에게서 "고도의 천재에게서나 나올 수 있는 예술, 가장 높은 예술의 경지에 들어선 것"(Tales 331)이라고 극찬을 받았으며 멜빌로 하여금 호손이야말로 "최초의 독창적인 미국 작가"(Tales 347)라 인정하게 했던 그의 단편들을 장편을 쓰기 위한 습작이라 폄하했던 호손 당대의 의견은 타당성이 없다.3)

그가 「이썬 브랜드」("Ethan Band") 이후 「깃털」("Feathertop") 외에 단편을 쓰지 않은 것은 단편으로 계획했다 장편으로 개작한4) 『주홍글

---

3) E. P. Whipple은 "『두 번 하는 이야기』(The Twice-Told Tales)와 『낡은 목사관의 이끼들』(Mosses from an Old Manse)은 단순히 스케치와 단편으로 구성되어 있다. 그 작품들은 작가가 타고난 능력과 통찰력, 그리고 창조력을 구현시킨 것이라기보다는 그의 정신의 가능성을 보여주는 것들이다"라고 평한 바 있다. "A Review in Graham Magazine," May 1880, xxxvi in Hauthorne: The Critical Heritage ed. J. Donald Crowley (160).
4) 단편집을 준비하던 호손은 그의 편집자인 제임스 T. 필즈(James T. Fields)에게 네 편의 단편과 한편의 미완성 단편을 보냈는데 필즈는 이 미완성 단편을 장편으로 개작할 것을 권유했는데 호손이 그 제안을 받아들여 『주홍글자』로 완성하였다(Turner A Biography 202).

자』의 성공이 작가로서의 그의 위치를 확고하게 하고 경제적으로 도움을 주었던 데 반해 단편의 적은 원고료는 도움이 되지 않았을 뿐 아니라 그가 단편이라는 장르가 요구하는 "고도의 정신적 집중"(Janeway 156)을 할 수 없었기 때문이라 추측된다. 호손이 만년에 초기 걸작과 같은 단편들을 쓰지 못했던 이유에 대한 하이아트 웨고너(Hyatt Waggoner)의 설명은 호손의 고충을 엿보게 한다.

> 귀신에 쫓기는 마음의 유령이 찾아오는 것은 유쾌하지도 편안하지도 않다. 호손은 예술가로서만이 아니라 인간으로서 살아야 했다. 그리고 그가 작가로서 명성이 확립이 된 다음 단편을 포기한 것 이유가운데 하나는 그의 초기 걸작 단편들이 마음 깊은 곳에서 나왔기 때문에, 그리고 그가 반복하기를 원하지 않는 과정에 의해 나왔기 때문일 것이다(17).

만년의 그는 걸작 단편과 같은 작품들을 쓰는 데 필요 했던 영혼의 깊은 내면으로 침잠해 들어갈 수 없었을 것이다. 그는 「깃털」("Feathertop")을 발표한 뒤 단편을 기고해달라는 존 사틴(John Sartain)의 청을 거절하는 이유가 단편은 장편에 비교해 부피와 보상에 있어 시간과 사고가 훨씬 더 필요하기 때문이라는 것이었다(*The Letters* 1843-53 513). 내용보다는 분량에 의해 원고료를 지불하는 당시 관행으로 단편에 쏟은 노력과 시간에 비해 그 보상이 너무 적다는 호손의 불평은 단편에 기울였던 그의 노고가 장편에 들인 그것에 비해 결코 적지 않았다는 점을 보여주는 좋은 증거이다.

애초에 단편으로 계획된 『주홍글자』 이후의 장편들이 보여주는 플

롯의 엉성함과 산만함, 그리고 자연스럽지 못하고 생동감이 없는 인물들은 호손이 인물들로 꾸려가는 장편 작가라기보다는 상황으로 이야기를 만드는 타고난 단편 작가임을 보여준다. 리차드 체이스(Richard Chase)도 단편이 호손의 천재성에 어울린다고 다음과 같이 지적했었다.

> 『주홍글자』를 제외하고는, 작가가 항상 점수를 낼 수 있었던 여러 부차적인 성공에도 불구하고 호손의 장편들은 완전히 성공하지 못했다. 그는 순회 인형 쇼, 가면무도회, 상징적인 우물, 그리고 낡은 설화, 최면술사 등을, 청중들을 잃지 않으려고 애를 쓰는 무대 위의 마술사처럼 내놓았지만 그의 장편들은 여러 지점에서 비틀거리고 이야기를 진전시키는 방법을 모른다. 단편이라는 짧은 형식이 그의 천재에 적합했다(83).

호손은 사회에서 존재해야 하는 인간의 삶, 과거와 현재 그리고 지성과 감정의 상호의존 관계, 사회 구성원들에게 정체성을 제공하는 사회 질서의 속성, 그리고 그 질서와 개인 간의 갈등과 같은 주제를 소설이라는 긴 형식보다는 단편이라는 짧은 형식으로 더 선명하고 압축적으로 그려내는데 성공한다.

제2장

청교도 사회의 건설

    이 장에서 다루는 세 편의 단편은 모두 뉴잉글랜드의 역사적 사건에서 소재를 따온 점이 공통된다. 17세기 뉴잉글랜드 역사에 대한 호손의 관심은 작가로서의 그의 관점과 태도의 형성에 결정적 역할을 하였다. 그는 그곳의 역사적 사실을 자신에 관한 문화적 개인적 탐색의 수단으로서, 그리고 사회 본질과 근원을 탐색하기 위한 하나의 조건으로 사용한 것이다. 플리머스(Plymouth)와 메사추세츠 식민지(Massachusetts Bay Colony)에 자리 잡은 청교도들의 이데올로기는 미국 사회의 기본적인 이데올로기를 형성하였으며 청교도의 가치는 미국적 가치로 확대되었다. 로렌스 뷰엘(Lawrence Buell)의 지적대로 뉴잉글랜드 지방이 미국 역사에 갖는 우선권은 청교도적 태도가 미국적 정체성을 형성하는데 결정적 역할을 하게 했었다(198). 호손은 뉴잉글랜드 역사를 탐색함으로써 자신뿐 아니라 사회 전체를 이해하려고 했었다.

고향 세일럼(Salem)과 자기 조상에 대한 특별한 애착, 미국적 유산에 대한 호손의 애정과 긍지는 그로 하여금 17세기 청교도 사회에 대해 깊은 관심을 갖게 했었다. 역사에 관한 관심은 그에게 현실을 판단하는 척도를 제공하였으며 그가 환상으로 빠져드는 것을 방지해주었다. 뿐만 아니라 청교도들이 지녔던 종교적 믿음과 세속 질서의 일체감, 종교적 권위에 대한 절대적 믿음은 하나의 권위로서의 종교가 사회 일원들에게 어떠한 영향을 끼치는가에 대한 문제를 그에게 던져 주었다. 그는 청교도들이 사회가 존립할 수 있는 질서를 만들면서 과연 그 사회의 구성원들은 무엇을 얻고 무엇을 잃게 되는가라는 문제를 탐색했었다. 이런 점에서 그가 청교도에 대해 갖는 관심은 자연 신학적이라기보다는 정치적이고 사회적인 면에 집중된다. 청교도와 청교주의에 관한 호손의 태도는 많은 비평가들에 의해 논의되었던 바이며 그가 본질적으로 캘빈주의자라고 주장하는 평자에서부터 전혀 기독교적인 작가가 아니라는 의견까지 폭넓게 해석되어 왔다.5) 필자는 호손이 청교주의라는 종교에 깊은 관심과 이해를 지니고 있었다고 보지만, 제도적인 면에서나 의식적인(ritualistic) 면에서 종교적인 작가가 아니라는 의견에 동의한다.

　17세기 사회에 대한 성찰에 호손은 존 엔디컷(John Endicott)이라는 실존인물을 구심점으로 그가 살았던 시대와 사회를 살펴본다. 호손이 19세기 역사가들에게 미국을 대표하는 인물로 평가 받지 못했던 엔디컷을 "청교도 중의 청교도"라 칭하며 관심의 초점을 맞춘 것은 이 인물을 통해 진정한 청교도의 모습을 살펴볼 수 있었기 때문으로 짐작된다. 그는

---

5) Agnes McNeill Donohue는 호손을 본질적인 캘빈주의자라고 주장한다(8). Nina Baym은 호손을 종교적인 작가가 아니라고 본다(9). A. N. Kaul과 Barris Mills는 양가적으로 해석한다. Michael Colacurcio은 호손의 종교에 관한 관심을 좀 더 적극적으로 해석한다.

당시인들이 조상의 반쪽만을 인정하는 경향 다시 말해 강인함은 인정하면서 그에 따르는 독단성과 무자비한 태도는 무시하려 드는 성향, 내적 타락을 부인하며 외적 번영에 도취하는 태도, 자신들의 나라를 "신이 지금과 같은 행복과 영광으로 이 나라를 이끌어주셨다"(Bancroft 267)고 평가하는 잭슨 시대의 애국적 허세에 진지한 반성을 제기하며 있는 그대로의 조상의 모습을 통해 당대 문제의 본질에 보다 정직하게 대면하기를 원했었다.

청교도들에 대한 호손의 태도는 복합적이고 양존적이다. 영국에 대항하는 저항세력의 상징으로 엔디컷에 대해서는 긍정적이나, 청교도 사회에서의 그의 행동에 관한 호손의 태도는 그리 간단히 설명되지 않는다. 호손은 황무지의 척박한 환경을 극복하고 새 사회를 건설한 청교도의 강인한 정신력에 대해서는 긍정적인 평가를 내린다. 청교도들의 가장 중요한 임무는 무엇보다도 황야에서 사회를 건설하는 것이었기 때문이다. 이러한 청교도들의 태도 곧 현실적인 강인성과 정신적 편협성 그리하여 이단을 인정하지 못했던 불관용성에 대해 역사가 대니얼 부어스틴(Daniel Boorstin)은 다음과 같이 해석한다.

> 뉴잉글랜드 청교도들이 관용이론을 발전시키지 못하고 심지어 그 문제를 검토하지 못한 것은 전혀 약점이 아니다… 그것은 강점의 근원이다. 그들의 임무는 철학적인 일이 아니었다. 그들은 최초이자 가장 중요한, 공동체를 건설하는 사람들이었다(66).

청교도들로 하여금 황야를 개척하고 사회를 건설하게 했던 강인한 의지가 바로 사회의 지배적인 질서에 순응하지 못하거나 그것을 거부하는 자에게는 공동체로부터 추방이나 죽음을 의미했을 정도로 무자비한 독단과 편협을 낳게 한 것임을 엔디컷이라는 인물이 잘 드러낸다. 호손은 비순응주의자와 이탈자에 대한 엔디컷의 독단적인 행동을 통해 구대륙의 핍박을 피해 신세계로 온 청교도들 역시 자신들의 고향을 떠나게 만들었던 구대륙의 권위주의자들만큼이나 사회 질서를 교란하는 자에게는 무자비하다는 것을 보여주는 것이다. 어느 의미에서 사회 질서가 확립되지 않았던 신세계의 권위주의자들은 이제 자리잡기 시작한 사회를 흔들리지 않게 유지하기 위해서 구대륙의 사람들보다 이탈자에 대해 더욱 단호하고 독단적일 수밖에 없었다. 그러나 동시에 그로 인하여 그들은 인간의 개성을 무시하고 사랑을 거부하는 모순을 호손은 엔디컷이라는 인물과 다른 이들 간의 상호관계를 통해 고찰한다.

　호손은 청교도 사회의 건설 도상에서 발생하는 공적 질서와 개인의 자아가 부딪칠 때 야기되는 개인의 희생의 의미를 제기하며, 청교도들은 과연 19세기 역사가들이 평가했던 것처럼 그들이 소망했던 사회를 이룩했는가라는 문제를 제기한다. 이 문제에 대한 답은 간단한 정오표로서 주어질 수 없다. 호손은 다음 세 편의 단편들을 통해 우선 청교도가 보여주는 모순의 원리를 여러 구체적인 상황에서 보여줌으로써 문제의 복합성을 드러내는 데 주력한다고 할 수 있다. 「메리 마운트의 오월주」("Maypole of Merrymount")는 엔디컷이라는 인물이 청교도와 이질적인 사람들을 징벌하고 척결하는 데 앞장서면서도 진정한 사랑을 간파할 수 있는 성숙한 안목을 지닌 인간으로, 「엔디컷과 붉은 십자가기」("Endicott and the Red Cross")는 구세계로부터의 독립을 주장하는 과단성 있는 청교도로서, 「유순한 소년」("The Gentle Boy")은 퀘이커 교도들을 잔인하게 박해하는 사회의 우두머리로서 그려내고 있다.

1. 미국사회의 선택 ―「메리 마운트의 오월주」

　이 이야기는 1628년 여름 세일럼 지사였던 엔디컷이 플리머스 식민지 근교의 이교도 부락 메리 마운트를 공격하여 그곳에서 잔치를 벌이고 놀던 사람들을 체포했던 역사적 사실에서 소재를 취한 것이다. 이 부락을 세운 토마스 머턴(Thomas Morton)은 월라스턴 산(Mount Wollaston)의 모피상 부락을 메리 마운트라 개칭하고 오월주를 설치해 "영국식의 즐거움과 오락"(Adams Jr. 276)을 즐겼었다. 이들의 이교적인 생활 방식에 충격을 받은 청교도들은 그들에게 여러 번 제재를 가했으며, 결국 1628년 마일스 스탠디쉬(Miles Standish)는 토마스 머턴을 체포해 영국으로 돌려보냈다. 토마스 머턴이 영국으로 돌아간 뒤 엔디컷은 메리 마운트에서 잔치를 즐기던 사람들을 체포했었다. 그러나 청교도들이 메리 마운트 주민들에게 제재를 한 진짜 이유는 그곳 사람들이 인디언들의 모피와 자기들의 무기를 교환했기 때문이었다. 물론 호손은 이 사건의 군사적인 측면은 전혀 언급하지 않고 그가 말하고자 한 "즐거움과 어둠이 지배권을 다툰다"(88-9)는 주제를 위해 필요한 부분만을 취사선택하고 있다.

　호손은 청교도와 메리 마운트 주민들과의 충돌의 의미를 강조한다. 왜냐하면 이 두 세력의 도덕적 갈등의 결과가 "뉴잉글랜드 미래의 양상을 결정하기 때문이다"(94). 그는 메리 마운트 주민들이 상징하는 즐거움과 청교도들의 음울함을 나란히 제시한 후 미국인들은 왜 청교도의 어두운 세계를 선택하였는가, 그리고 그들은 그 선택에서 무엇을 얻고 무엇을 잃었는가에 대해 성찰을 시도한다.

호손은 청교도와 메리 마운트 주민들 간의 "중요한 싸움"을 에드거(Edgar)와 에디스(Edith)라는 두 젊은이의 결혼식 장면에서 일어나게 해 미국이라는 나라를 상징하는 두 젊은이의 운명과 국가의 미래를 함께 연결시키고 있다. 호손은 에드거와 에디스의 운명의 여정을 통해 뉴잉글랜드의 장래의 선택, 더 확대시켜 장차 미국이 나아갈 길을 제시하는 한편, 이 두 젊은이가 택한 결정의 결과를 목격했던 자기 시대 상황의 원인을 파악하고자 하였다. 이들 젊은이의 결혼식은 메리 마운트의 블랙스턴(Blackstone) 목사의 주재로 시작되지만 청교도 사회의 우두머리인 엔디컷이 끝을 맺는다. 호손은 이 결혼식 광경의 마지막을 다음과 같이 묘사한다.

> 그들은 결혼식의 첫 시간에 거기에 서있었다. 그러는 동안 그들 친구들의 상징인 한가로운 유쾌함이, 어두운 청교도들의 모습에서 드러나는 삶의 엄격한 근심으로 변화되어갔다(96).

결국 두 진영의 갈등은 이렇게 끝났던 것이다.

호손은 메리 마운트 사람들과 청교도들에 대해 이중의 관점을 견지한다. 처음에 그는 "황금시대의 사람들"(89)이라고 하며 춤을 추고 노는 그곳의 정경을 유쾌하고 활기 있게 그린다. 그러나 바로 이어 황량한 개척지 한가운데 오월주를 만들어 놓고 "즐거워하는 이들이 실제로 어떤 인물들인지를"(91) 밝힌다. 그들은 단지 백일몽을 꾸며 거짓된 행복을 쫓는 사람들이라는 것이다.

한마디로 그 시대에 많았던 이런 류의 잔치를 즐기는 사람들은 청교주의가 급속하게 성장함에 따라 면목을 잃기 시작했다. 이 즐거움의 겉옷이 아주 밝게 빛나기 때문에 행복의 가면에 불과하다는 것을, 거짓된 그림자를 제멋대로 추종한 것에 불과했다는 것을 나이든 사람이 알았더라도 공공연하게 인생을 낭비하는 사람들은 삶의 진지한 진실 속으로 들어가 보지도, 진정으로 축복을 받지도 못했을 것이다(92).

조지 데커(George Dekker)가 말하듯이 호손은 메리 마운트인들이 지니는 영국 왕당파(Stuart Cavalier)와 같은 생활 방식은 뉴잉글랜드와 같은 황량한 개척지에서는 전혀 어울리지 않으며 그 곳은 모든 것이 자리 잡힌 구대륙이 아니라는 사실을 보여준다(157). 메리 마운트 사람들은 세월과 체험이 가르쳐 준 진리 곧 그런 즐거움의 가짜 인생이란 거짓된 행복으로 지속될 수 없다는 사실을 체득하고 있다. 그러나 그들은 삶의 진실을 외면하고 "장난과 공상, 잔꾀와 환상"으로 "계속된 잔치" 기분을 유지해 가는 거짓의 삶을 살아가는 사람들이다. 자유분방하고 즐거워 보이지만 그들은 자기들이 처한 현실과 삶의 진실을 거부하기 때문에 퇴행적이다. 그것은 "낙원 상실 이후의 인간의 조건과 전혀 맞지 않다"(178)는 셀든 라이브먼(Sheldon Liebman)의 지적은 일리가 있다.

메리 마운트 사람들 반대측에는 "좀 더 엄격한 믿음"을 가진 청교도들이 있다. 메리 마운트 사람들이 처음에 호의적으로 그려진 데 반해 청교도들은 "아주 우울한 사람들이며, 해뜨기 전에 기도하고 숲이나 옥수수 밭에서 저녁까지 일을 하고 기도하는"(93) 부정적인 모습으로 등장한다. 일과 기도로 이어지는 그들의 삶은 메리 마운트 사람들이 추종하는 모든 특질을 부정한다. 자기들이 추구하는 가치와 어긋나는 모든 것을 배척하는 독단성과 삶의 즐겁고 밝은 면이 배제된 음울한 생활 태도에도 불구하고, 청교도들은 끝없는 야생의 숲이 펼쳐진 뉴잉글랜드라는 새로운 환경에 적응하는 능력으로 인해 호손에 의해 긍정적으로 평가된다. 메리 마운트 주민들이나 청교도들이 다 함께 삶을 일구어 가야 했던 곳은 아르카디아(Arcadia)도 구대륙의 궁전도 도시도 아닌 겨울이 길고 사람 손길이 전혀 닿지 않는 삼림이 끝없이 이어지던 곳이었음을 생각할 때 청교도들의 태도가 더 합당했던 것이다. 호손은 메리 마운트 주민들의 즐겁고 유쾌한 인생관과 청교도의 엄격하고 어두운 모습을 나란히 제시하는 듯하지만, 점차로 메리 마운트 주민들의 억지스러운 즐거움이나 무능력과 대조되는 청교도들의 현실 감각과 강인함 쪽으로 기운다. 이러한 점은 부정적인 면과 긍정적인 면을 아울러 지닌 것으로 묘사되는 엔디컷의 모습으로 벌써 나타난다. 청교도의 우두머리인 그는 강철로 만들어진 듯이 보이나 앞을 내다보는 생명력과 사고력을 지닌 사람이다.

> 그의 외면의 에너지는 아주 엄숙해서 사람됨, 외모, 몸집, 그리고 영혼 전체가 생명력과 사고력을 가지고 있는 강철, 그의 투구와 갑옷 앞판을 만드는 강철로 만들어진 것처럼 보였다. 그 모습은 청교도 중에서도 청교도였다. 그 사람이 엔티컷 자신이었다(94).

"음울한 찡그림"이나 "강철 같은 모습", "무자비하고 꺾을 수 없는 열정"에도 불구하고 이곳에서 생존하기 위해서, 사회를 건설하기 위해서는 무엇이 필요하고 어떻게 살아야만 하는지를 파악하는 능력을 지닌 엔디컷은 성숙한 인간의 면모를 보여준다.

호손은 에드거와 에디스의 결혼식 즉 그들 일생의 가장 중요한 순간에 엔디컷과 두 젊은이들을 만나게 함으로써 이들이 나가야 하는 방향을 더욱 분명히 제시한다. 결혼은 인생에서 이 두 사람이 지금까지 체험하지 못한 세계로 들어가는 전환점이 된다. 그들의 변화는 엔디컷과 만나기 전 이미 나타났다. 에디스의 "생각에 잠긴 시선"과, 침울한 기분을 알아채고 "미래가 현재 진행되는 일에 대한 기억보다 나을 게 없을 것 같아 그러느냐"(91)고 묻는 에드거의 질문은 그들이 이미 변화했음을 보여준다. 의중을 꿰뚫은 듯한 신랑의 물음에 신부는 여기 모인 사람들이 "꿈을 꾸고 있는 듯한 즐거운 친구들의 모습이 환상처럼 보이고 우리가 오월의 왕과 왕비처럼 느껴지지 않냐"(91) 때문이라고 한다. 사랑으로 결합된 이 젊은이들은 여태까지 깨닫지 못했던 현실 인식과 책임 같은 것들이 자기들의 미래를 어둡게 할지 모른다는 생각을 하게 된 것이다.

> 그들 마음이 진정한 열정으로 불타오르자 마자 그들은 이전의 유쾌함이 모호하고 실속이 없었다는 것을 깨달았고 불가피한 변화가 가지고 올 우울함을 느꼈다. 그들이 진정으로 사랑하는 순간부터, 그들은 이 지상의 걱정과 슬픔과 고통스런 즐거움의 운명에 복종해야 했으며 더 이상 메리 마운트에는 안식처가 없었다(91).

이 결혼식이 진행되는 장소와 시각은 변화의 진로를 암시한다. 이 이야기는 해질 녘에서 시작해서 "어둑한 저녁"에 끝난다. 에드가와 에디스의 결혼식이 진행되는 동안 메리 마운트 동산에 어둠이 깃들기 시작하며 "숲의 그림자가 어둡게 무도회에 섞여 든다"(94). 계절 역시 낮의 길이가 가장 긴 하지를 막 지났고 하지 전야 축제(Mid-Summer Eve)는 끝이 난다.6) 에드가와 에디스의 순진함과 유쾌함은 고통스러운 기쁨과 서로에 대한 책임감을 지닌 성숙한 사랑으로 변화해야만 한다. "그들은 이 세상에는 인간적 슬픔으로 어두워지지 않으며, 죄로 물들지 않는, 죽음이 없는 곳은 없다"(*American Notebooks* 37-8)는 생의 준엄한 사실을 깨달아야만 한다. 인위적으로 연장된 유쾌함과 순진함이란 조롱거리이며 착각일 뿐이다.

에드가와 에디스가 생에 대해 좀 더 성숙한 인식을 하는 중요한 순간에 엔디컷은 그들에게 청교도의 세계를 선택하도록 만든다. 엔디컷은 에드거의 긴 머리를 당시 청교도들의 호박머리 모양(pumpkin-shell fashion)으로 자르도록 명령한다. 그러나 메리 마운트의 다른 주민들을 대하는 태도에 비하면 이들에게는 한결 부드럽다. 사랑하는 이를 위해 서로가 자신을 희생하겠다는 이 두 젊은이들의 순수한 사랑에 강철 같이 차가운 그 역시 부드러워진다. 그러면서 젊은 사랑과 희망에 뒤따르는 "어쩔 수 없는 곤경에 한숨짓는다"(96). 삶이 그에게 가르쳐 준 지혜로부터 그는 이 신랑 신부가 청교도 사회에 필요한 자질이 있다는 것을 파악한다. 그는 부하들에게 다음과 같이 명령한다.

> 그들을 우리와 함께 데리고 가라, 하지만 다른 사람들보다 부드럽게 대하라. 젊은이에게는 용감하게 싸우고, 열심히 일하고 경건하게 기도하는 특성이 있다. 신부에게는 그녀보다도 더 좋은 환경에 아이를 낳을 수 있는, 우리 이스라엘의 어머니가 되기에 알맞은 자질이 있을 것이다(96).

---

6) 호손은 봄의 축제인 May-Day Festival을 Mid-Summer Eve로 변화시킴으로써 여름이라는 계절이 갖는 방종함과 풍요로움 그리고 동시에 그 풍요로움이 가을이 옴과 동시에 곧 사라져갈 덧없는 것임을 암시한다(Daniel Hoffman 162).

엔디컷은 에드거와 에디스에게 장미화환을 걸어준다. 이런 그의 행동이 이곳의 모든 즐거움을 압도해버린다고 하면서도 호손은 이를 예언적이라고 평한다. 이는 미국인들이 최종적으로 메리 마운트보다는 청교도의 세계를 택함으로써 "생의 즐겁고 밝은 면"을 상실하고 실질적이고 독단적인 청교도의 가치를 삶의 지침으로 받아들인 것을 보여주고 있다. 에드거와 에디스가 황야에서의 생존 방식에 어울리는 가치를 위해 "메리 마운트의 허황된 꿈"을 버리는 것이다. 엔디컷의 명령에 메리 마운트를 떠나는 이들을 맬빈 W. 에스큐(Malvin W. Askew)는 에덴 동산에서 추방되는 아담과 이브와 연결시킨다(408). 작가는 에드거와 에디스가 풍요 의식이라는 이교 의식의 상징이 되기보다 청교적인 결혼식에서 하나가 되어 성숙해지기를 희망하면서 동시에 "그들이 밟아야 하는 어려운 길"(97)이 즐거움과 우울함의 대립을 조화시킬 수 있는 길이 되기를 바라는 것이다.

호손은 청교도 세계를 택한 결정이 결코 쉽지 않음을 암시하여 청교도에 대한 그의 지지를 어느 정도 유보한다. 메리 마운트 동산에서 곰과 야만인들과 어울려 춤을 추던 에드거와 에디스가 엔디컷처럼 변해야만 할 때, 그들은 자신들의 강요된 선택에서 "무엇을 얻고, 무엇을 희생하였는가?" 작가는 "싸움에 용감하고 부지런하며 경건하게 기도하는" 청교도의 특질과, 블랙스턴 목사를 바알 교의 목사(the priest of Baal)이라 부르던 엔디컷의 배타적인 외침이 결국 같은 자질임을 우리에게 보여준다. 존 P. 맥윌리엄스(John P. McWilliams)는 호손이 엔디컷의 양면을 제시함으로써 청교도의 남성다움만을 찬양하는 잭슨 시대의 전통을 따르지는 않는다고 지적한다(44). 블랙스턴 목사가 독특하기는 해도 비도덕적인 사람이 아니었다는 것을 역사적으로 알고 있던 호손이 메리 마운트 결혼식 주재 목사로 등장시킨 것은 청교도에 대한 그의 지지가 전폭적이지 않음을 시사하는 것이다. 블랙스턴이 1635년 청교도들의 편협함과, 종교관이 다른 이들을 강압적으로 순응시키려는 독단에 실망해서 보스턴을 떠나면서 했던 말[7]을 아는 호손이 그를 엔디컷과 대척점에 놓은 것은 엔디컷이 블랙스턴과 같은 반 순응주의자들에게 가한 잘못을 그가 분명히 의식하고 있음을 드러낸다.

엔디컷의 모습에서 그가 표현하고자 했던 것은 진보와 개혁이라는 기치 아래 방해가 되는 모든 것을 단호히 제거하는 잭슨 시대의 사회적 경향의 원형이었는지도 모른다. 호손은 메리 마운트의 세계가 상징하는 '부드럽고, 햇빛처럼 밝고, 즐겁고, 유쾌한' 특질이 청교도의 어둠에 가려지는 것을 청교도의 정복이 과연 보상해주는가 하는 문제를 숙고하도록 제시한다. 호손은 미국을 상징하는 이 두 젊은이가 했던 선택이 보다 나은 것이었음을 인정하면서도 그 선택이 내포하는 문제를 간과하지 않는다. 이교도를 징벌하고 블랙스턴을 떠나게 한 엔디컷의 독단은 다음 이야기 「엔디컷과 붉은 십자가기」에서는 그를 식민지인으로서는 최초로 영국으로부터 독립을 주장할 수 있도록 만들었으나 그러한 과단성있는 태도가 야기시키는 희생을 우리는 그의 주변에 모인 사람들의 모습에서 보다 분명하게 목격하게 된다.

---

[7] "나는 주교들(lord Bishops)을 좋아하지 않아서 영국에서 왔지만, 난 당신에게 참여할 수 없소. 그 이유는 나는 형제라는 주군(Lord Brethren)의 밑으로 들어가지 않을 것이기 때문이요."(Caleb Snow 52-3 재인용).

2. 청교도적 태도의 양면성 －「엔디컷과 붉은 십자가기」

이 작품은 앞의 이야기 「오월주」에 비해 정치적 색채가 두드러지며 청교도의 강인함이 지니는 이면의 특성 곧 독단과 편협함을 훨씬 분명하게 드러낸다. 이 단편의 실마리가 된 사건은 1634년 11월 5일 세일럼의 군 지휘관이었던 엔디컷이 그 부대원들 앞에서 붉은 십자가가 그려진 영국기(English Banner)를 자른 일이다. 같은 사건을 다룬 『할아버지의 의자』(Grandfather's Chair)에서는 엔디컷이 그런 행동을 한 까닭은 그 십자가가 카톨릭의 잔재로 간주되었기 때문이라고 설명한다(23).

「엔디컷」에서는 1634년 9월 18일 윈스롭(Winthrop) 주지사가 그의 일지에 기록해놓은 사건과 엔디컷을 연결시켜 그의 행동에 정치적인 색채를 부여한다. 뉴잉글랜드 식민지에 영국 국교의 율법을 실시하며 새로 부임할 식민지 지사에게 전제적인 통치권을 부여한다는 찰스(Charles) I세의 훈령이 엔디컷이 취한 행동의 직접적인 동기라고 설명하여, 호손은 엔디컷의 행동에 영국의 전제 정치에 대한 저항, 영국으로부터의 독립을 향한 의지의 표명이라는 정치적인 의미를 포함시킨다. 영국의 압제적인 통치에 저항하는 엔디컷의 과단성 있는 행동에 대해 호손은 경의를 표한다. 그는 당시 영국 정부에 대하여 취할 마땅한 태도는 엔디컷과 같은 결단력 있는 태도라고 생각했던 것이다. 이 작품은 「늙은 영웅들」("The Gray Champion")처럼 애국적이며, 엔디컷에 대한 칭찬으로 마무리 짓고 있다.

승리의 외침과 함께 사람들은 우리 역사가 기록하는 가장 대담한 작전에 성스러움을 부여하였다. 그리고 엔디컷의 이름에 대해서도 명예를 부여하였다. 안개같은 시간을 뚫고 뒤돌아보면 뉴잉글랜드기에서 붉은 십자가가 그려진 깃발을 찢은 것은 엄숙한 청교도[엔디컷]의 뼈를 땅에 묻은 지 한 세기 이상이 지난 뒤 우리의 건국 조상들이 취한 행동의 최초의 징조였다(118).

그러나 이 단편에서 우리가 보는 엔디컷은 분명히 칭찬일색의 종결 부분의 모습만은 아니다. 닐 프랭크 더블데이(Neal Frank Doubleday)가 지적한 호손의 양가적인 태도 즉 의식적으로 표현해야만 한다고 생각한 것과 원래 타고난 회의주의적 아이러니가 말한 것 사이의 긴장이 작품 구조에서 명백히 드러난다(102). 엔디컷을 "엄격하고 결단력 있는 사람"이라 소개하면서 호손은 세일럼의 모습을 번쩍거리는 그의 갑옷 가슴받이를 통해 묘사한다. 엔디컷에 대한 유보된 평가는 그 자신은 보지 못하는 갑옷 가슴받이에 나타나는 이미지와, 그가 귀를 닫고 있는 이탈자들의 항의에 의해 효과적으로 제시된다. 그가 입은 갑옷의 가슴받이에 맨 처음 반사되어 보이는 것은 당시 사회의 구심점이던 교회이다. 갑옷에 반사되는 "청교도의 관습과 그 시대의 특징들"은 부대원들과 몇 명의 인디언들을 제외하고는 모두 벌을 줄 때 이용되는 도구들과 벌 받는 사람들 그리고 벌을 받은 흔적이 있는 사람들의 모습이다. 죄인 얼굴에 낙인찍기, 귀 자르기, 그리고 차꼬대(stock)와 칼(pillory) 모두 당시 영국에도 흔한 형벌이었다. 그럼에도 불구하고 교회 가까이에 있는 사람을 묶어 놓고 채찍으로 때리는 체벌 기둥(whipping post), 칼, 차꼬대, 칼에 묶여 있는 국교도, 차꼬대에 묶인 방랑하는 전도사(Wanton Gospellor), 혀에 막대가 끼워져 있는 자, 목에 고삐를 매단 자, 가슴에 A자를 단 여인 등의 모습을 마술 거울 같은 기이하고 특별한 효과를 지니는 그의 갑옷 가슴받이를 통해 그리는 것은 이 작품의 세계가 엔디컷의 관점에서 제시된다는 것을 암시한다. 호손은 체벌 흔적이 있거나 체벌을 당하고 있는 일단의 사람들을 나열한 다음 자기가 사는 19세기에는 이런 벌을 받거나 벌 받은 표시를 지닌 사람이 없다 하여 이 시대가 17세기 당시보다 더 나아진 것은 아니라는 말을 덧붙임으로써 그가 살던 시대에 대해서도 비판하고 있다.

갑옷 앞판에 비춰진 사람들 중 세 사람은 엔디컷의 행동에 대해 코멘트를 하고 역설적인 대응을 하는 일종의 코러스 역할을 한다고 닐 프랭크 더블데이는 지적한다(106). 엔디컷이 부대원들을 훈련시키고 있을 때 로저 윌리엄스(Roger Williams)는 윈스럽 지사가 보낸 소식을 가지고 온다. 영국으로부터 지사가 파견될 것이며 영국 국교회가 매사추세츠에 세워질 것이라는 내용의 편지이다. 윈스럽 지사가 "사람들을 동요시키지 말도록, 그래서 영국 왕과 주교가 우리에게 불리한 조치를 취하지 않도록"(116) 이 소식을 퍼뜨리지 말라고 당부했다는 윌리엄스의 전갈에도 불구하고 엔디컷은 사람들에게 편지를 큰 소리로 읽어주겠다고 한다. 그러나 그는 편지 내용을 읽는 대신 사람들에게 자기들이 왜 그곳에 왔는가를 묻는 격정적인 연설을 한다.

> 무엇 때문에 당신네들은 고향을 떠나왔는가?.... 무엇 때문에 우리는 황야에 묘비를 세우기 위해 여기에 왔는가?....무엇 때문에, 내 다시 말하는데, 시민으로서의 우리의 권리를 즐겨야하지 않는가?... 그것은 우리의 양심에 따라 하느님을 경배하는 자유를 위한 것이 아니었던가? (116)

편지 내용을 있는 그대로 모든 사람들에게 알리지 않고, 듣는 이의 감정을 자극하는 이와 같은 연설은 건전한 민주주의 정착에 도움이 되지 않는 선동가의 기미를 보여주며 장래의 종교적 편협함의 출현을 예시한다고 존 할리건(John Halligan)은 지적한다(305). 자신들이 여기에 온 것은 "양심에 따라 신을 경배할 수 있는 자유 때문이 아니었느냐"는 엔디컷의 질문에 차꼬대에 묶여 있던 방랑하는 전도사는 "당신은 이것을 양심의 자유라고 부르느냐"(116)며 그의 말을 막는다. 이 질문에 "로저 윌리엄스의 부드러운 얼굴에는 슬프고도 조용한 미소가 스치고 지나간다"(116). 엔디컷의 연설을 가로막는 이 질문은 그의 격앙된 연설 뒤에 깔린 아이러니를, 다시 말해 그가 주장하는 양심의 자유는 모든 이에게 평등하게 적용되는 게 아니라는 점을 드러낸다.

엔디컷이 진정한 종교적, 지적 자유를 추구하는 것이 아니라는 점을 드러내는 또 다른 증거가 있다. 방랑하는 전도사의 항의를 듣고 짓는 로저 윌리엄스의 슬픈 미소는 정치와 종교의 분리를 주장하던 그가 1635년 엔디컷에 의해 식민지에서 축출 당했던 사실을 간접적으로 시사한다. 로저 윌리엄스가 메사추세츠 식민지를 떠나며 "양심문제에 대해 사람을 벌하는 것은 박해이다. 수 천만 개의 양심은 감옥과, 채찍과 처형대를 위한 연료일 뿐인가? 엔디컷, 엔디컷, 네가 왜 나를 쫓아내는가?" (*Grandfather's Chair* 27)라고 했던 이 말은 엔디컷이 주장하는 양심의 자유가 편협하고 모순되어 있다는 것을 지적하고 있다. 로저 윌리엄스의 조용하고 가라앉는 태도는 "가슴에 분노의 불이 타는" 격앙된 엔디컷과 대조적이다. 호손이 당시 31세였던 로저 윌리엄스를 "나이 지긋한 신사"로, 그의 종교적 가르침이 엔디컷에게 영향을 준 역사적 사실에 반해 엔디컷의 격함을 저지하는 온건한 인물로 변화시킨 것은 '양심의 자유'라는 엔디컷의 그럴듯한 이론에 대해 "윌리엄스의 완숙한 정신이 내리는 너그러운 판단을 나타내기 위해서이다"(Colacurcio 224). 식민지가 영국으로부터 분리되어야 한다고 주장했던 점에서는 로저 윌리엄스와 존 엔디컷 모두 공통된다. 그러나 엔디컷의 주장이 교황권으로부터의 독립인데 반해 윌리엄스는 "세속의 권력과 공인된 교회 권력에 의한 신성모독의 모든 근거로부터 영혼의 분리"(Colacurcio 230)를 내세웠었다. 이것이 윌리엄스와 엔디컷의 근본적인 차이이며 윌리엄스가 메사추세츠 식민지에서 추방당한 이유이다.

엔디컷은 윌리엄스의 제지에도 불구하고 붉은 십자가의 영국 깃발을 찢는다. 찢어진 깃발을 흔드는 엔디컷을 보고 칼에 묶여있는 영국 국교도(High Churchman)는 "반역이야, 반역! 그가 왕의 기를 찢었어!"(118)라고 소리 지른다. 엔디컷의 행동이 나타내는 영국에 대한 격렬한 저항은 그것이 1630년대 당시 식민지가 지니는 영국에 대한 감정을 나타낸다기보다는 1760년대의 정치적 광기와 관계가 깊다. 마이클 컬라커시오는 호손이 엔디컷을 미국 독립에 대한 첫 정치적 예언자로 택한 것은 미국 독립혁명(American Revolution)을 주도했던 세력의 정체가 윌리엄스의 차분함보다는 엔디컷의 분노에 가까우며 그 혁명에 필요한 것은 분노가 분출해내는 격정적인 힘의 이데올로기로 파악했기 때문이라고 주장한다(224). 호손이 역사적으로 이미 알려진 이야기를 하면서, 엔디컷에 대해 인습적인 칭찬으로 맺은 결말과는 어긋나는 면을 중간에 부각시킨 의도는 당대의 공적 대변인이라 할 수 있는 역사학자 조지 뱅크로프트(George Bancroft)가 기술할 수 있었던 것보다 미국 역사가 갖는 이면의 의미까지도 드러내기를 원했기 때문이었다. 동시에 미국적 정신의 구현자로서, 자유스러운 정신을 주장한 윌리엄스를 두둔하고 독단적인 엔디컷을 무시하려 한 밴크로프트를 위시한 당대 역사가들의 사조(Bancroft 366-88)에 반박하고 있다.

엔디컷이라는 인물은 호손 당대의 사람들이 원하던 조상의 모습보다 독선적이며 격정적인 인물로 나타난다. 호손은 강인하나 독선적인 엔디컷에 비판적이나, 역사의 진실을 규명하려 하지 않고 자기 중심적으로 역사를 수용하려는 19세기 인들에 대해서는 더욱 비판적이다. 그는 독자에게 패러독스를 제시한다. 영국으로부터의 독립을 가장 먼저 주장하게 했던 대담함, 확신, 자기 신뢰가 바로 세일럼 내의 모든 이탈자를 박해하게 만든 독선과 결국은 같은 특질임을 보여준다. 이런 의미에서 이 작품은 리차드 하터 포글(Richard Harter Fogle)이 본 것처럼 "미국 역사의 한 시대의 전체가 들어 있다"(9). 호손은 당시 식민지인들이 영국 정부에 대처해야 했던 태도는 밴크로프트가 생각했던 것처럼 윌리엄스의 "성자 같은 자유주의자"의 그것이 아니라 엔디컷의 공격적인 반응이었다고 생각한다. 이단자들을 박해했던 독단성의 다른 얼굴인 엔디컷의 과단성과 사나운 면모는 미국독립혁명을 승리로 이끈 맹목적인 힘의 분출을 기대하게 만든다. 니나 베임(Nina Baym)이 "우리가 그를 좋아하지 않을지라도 그를 미국의 진짜 조상으로 받아들여야만 한다"(33)고 주장하는 것은 이러한 맥락에서이다.

다음 작품 「유순한 소년」에서는 "미국인의 진짜 조상"으로 엔디컷을 인정하게 되면서, 청교도 질서가 사회의 기본적인 질서로 받아들여졌을 때 개인의 생에 미치는 심각한 영향 즉 개인의 정신적 고갈과 방황 그리고 절망이 어린 소년의 무고한 희생과 그를 둘러싼 인물들의 고통을 통해 나타난다.

3. 질서의 형성 －「유순한 소년」

엔디컷이 주인공으로 등장한 앞의 두 작품과는 다르게 「유순한 소년」에서는 그가 직접 나타나지 않는다. 그러나 그가 지사로 있던 시기에 처형된 두 명의 퀘이커 교도의 (그 중 한 명이 주인공 소년 일브라임(Ilbrahim)의 아버지로 추정되는) 죽음에 최종적으로 책임을 진다는 점에서 이 이야기와 직접적으로 관련되어 있음을 호손은 다음과 같이 지적하고 있다.

> 그 행동에 동의한 모든 사람들의 손에는 지울 수 없는 피가 묻었지만, 끔찍한 책임의 많은 몫은 그 당시 통치의 우두머리로 있는 사람에게 있을 것이다. 그는 좁은 마음과 불완전한 교육을 받은 사람이었고 타협을 모르는 편협함은 격렬하고 성급한 성격으로 급하고 현명치 못하게 변했다. 그는 광신자들의 죽음을 다루는데 현명하지도 정당하지도 않게 영향력을 행사했다. 그의 모든 행동은 그들에 대해 무자비하고 잔인한 특징을 지녔다(33).

다른 한편으로는 퀘이커 교도들에 대해 호손은 "그 교파의 역사가"(33)라 한 윌리엄 시월(William Sewel)의 견해를 받아들이고는 있으나 퀘이커주의를 청교주의의 편협함과 위선을 대체하는 것으로 그리지는 않는다. 호손은 청교도의 잔인함이나 퀘이커 교도의 광적인 신앙 모두 잘못임을 주장하며 두 과격한 종파의 부딪침을 통해서 인간 마음에 있는 증오와 자만심 그리고 사랑에 관한 좀 더 보편적인 이야기를 하고 있다.

이 단편은 네 개의 에피소드를 중심으로 그 서두와 끝에 당시 뉴잉글랜드 지방의 상황에 대한 설명을 덧붙인 구조로 되어 있다. 이러한 구조는 퀘이커 교도인 어린 소년이 두 종파의 갈등으로 희생되는 과정과 이 아이의 불행으로 인해 토비아스 피어슨(Tobias Pearson)이라는 청교도가 겪는 정신적 변화의 과정을 잘 보여준다.

어느 가을 오후 집으로 돌아가던 토비아스는 무덤 위에서 울고 있는 어린 소년을 발견한다. 이름을 묻는 토비아스의 질문에 아이는 "이름은 일브라힘이고, 나의 집은 여기에요"(45)라고 답한다. 이 대답은 고립되어 있는 이 아이의 처지와 운명을 예고한다. 이 이야기에서 무덤은 「로저 맬빈의 매장」의 묘사나 『주홍글자』의 처형대처럼 중심적인 상징이다. 토비아스는 일브라힘이 퀘이커 교도임을 알고 주저하나 자기 집으로 데려가기로 결심한다. 그때 토비아스의 마음 속에 일어나는 갈등이 상세히 그려진다.

> 어린 일브라힘의 손을 잡은, 청교도는 마치 끔직한 뱀을 잡은 것처럼 주저했다. ... '내가 만일 이 아이를 죽게 내버려두는 것을, 비록 이 아이가 저주받은 종파 출신이라고 할지라도, 하느님이 금하실 거야'라고 혼자 중얼거렸다. '우리 모두 하나의 사악한 뿌리에서 나오지 않았는가? 빛이 우리에게 비출 때까지 우리 모두는 어둠에 있는 게 아닌가? 그를 위해 기도와 가르침을 해줄 수 있다면, 영혼과 육체가 멸하지 않을 거야' 그리고 나서 그는 일브라힘에게 큰소리로 친절하게 말을 걸었다(35).

토비아스가 일브라힘을 집으로 데려갔을 때 아무런 주저함이 없이 흔쾌히 그 아이를 맞아주는 아내 도로시(Dorothy)의 태도는 망설였던 그와 대조적이다. 일브라임에 대한 도로시의 애정은 청교도와 퀘이커 교도가 공통적으로 지니는 왜곡된 사랑과 대비된다. 피어슨 부부는 이 두 개의 과격한 종파 사이에서 완충적인 역할을 한다. 그러나 이 아이를 처음 보았을 때 망설이던 토비아스의 태도에서 예견할 수 있듯이 청교도적 영향에서 완전히 벗어나지 못하는 그가 겪는 정신적 방황은 이 아이와 마찬가지로 그 역시 두 개의 교파 사이에서 고통 받는 인물임을 드러낸다.

토비아스를 주목할 점은 그가 확고한 청교도가 아니라는 사실이다. 그는 뉴잉글랜드 첫 이주자가 아니었으며 신세계로 오기 전 영국에서 이미 종교로 인한 전쟁에 지쳐 있었고 영국 청교도 혁명의 지도자 크롬웰(Oliver Cromwell)의 변질에 실망했었다. 그리고 그는 신세계에서 잘 살아보고자 했던, 경제적 이점을 고려한 사람이었다. 당시 많은 사람들이 신세계로 이주해왔던 실질적인 이유는 윈스롭 지사나 엔디컷, 일브라임의 어머니 캐더린(Catherine)처럼 종교적 이상을 위해서가 아니라 경제적인 형편이 나아지기를 원하는 마음에서였다. 이웃의 청교도들은 그의 아이들이 신천지에서 모두 죽은 것을 "그 아버지가 세속의 재물을 너무 생각한 것"(38)에 대한 하나님의 징벌이라고 생각한다. 아이들의 죽음까지도 종교적 믿음과 결부시키는 이들이 퀘이커 교도인 일브라임을 피어슨 부부가 각별히 사랑하는 것을 마땅하게 여길 리 없다. 이교도에 대한 이들의 적개심은 편협하고 배타적인 청교도 사회의 단면을 그대로 보여주는 것이다. 청교도들은 사회의 근간이 되는 종교 차원에서 사회에 상치되는 영향을 끼치는 자를 결코 묵과하지 않는다. 피어슨 부부는 일브라임에게 쏟는 사랑으로 이웃들에게 배반자로 낙인찍히게 된다.

일브라임이 피어슨 부부의 집에 온 둘 째 주일에 그들 부부는 아이를 데리고 교회에 간다. 교회 종이 없는 청교도들은 북소리에 맞춰 일요일 예배에 참석한다. 이에 대해 비평가 애그너스 맥닐 도노휴(Agnes McNeill Donohue)는 호손이 권위적인 신앙이 마음에 끼치는 심리적 미묘함을 표현하기 위해 군대적인 이미저리를 사용한다고 지적한다(145). 북소리에 맞춰 군인처럼 교회로 행진해 가는 사람들의 모습은 저돌적인 행동과 가학적인 행위에 대한 충동을 암시한다. 이러한 충동은 목사의 설교나 완고한 주민들의 반응에서도 되풀이된다. 그날 목사는 퀘이커 교도들을 비난하며 그들을 동정하는 것은 매우 위험하다고 엄중히 경고하는 설교를 한다.

목사의 설교가 끝난 뒤 갑작스럽게 연단으로 올라선 일브라임의 엄마 캐더린은 목사 설교에 격렬히 반박한다. 그녀는 청교도와 대조된다. 마이클 컬라커시오는 독단적인 청교도 목사의 설교와 자기 함몰에 빠진 격정적인 캐더린의 주장을 정신과 본능의 대립이라고 평한다(177). 퀘이커 교도인 캐더린 역시 청교도와 마찬가지로 광신주의적이며 비인간적인 측면이 있다. 청교도들이 남편을 죽였고 어린 아들까지 방황하다 죽게 했다고 맹렬하게 비난하는 캐더린 역시 어린 자식을 버려두고 자기 영혼만을 위해 떠나버렸던 것이다. 그녀가 "영감으로 오해한 독설"(43)을 퍼붓고 계단을 내려올 때 일브라임이 그녀를 껴안는다. 뜻밖의 장소에서 죽은 줄 알았던 아들을 만난 캐더린은 잠시 모성애에 빠져들지만 그녀가 가장 중시하는 것은 박해에 저항하는 일이다.

이 때, 사람들 앞에 나서기를 망설이던 토비아스와는 달리 도로시는 주저하지 않고 그 아이를 보호하겠다고 나선다. 그녀는 모든 교구민들 앞에서 캐더린에게 "아이를 나에게 맡기면 내가 애 어머니가 되겠어요."(43)라고 당당하게 자기 의사를 밝힌다. 일브라임의 손을 잡고 마주선 두 여자의 모습은 완전히 대비된다. 마이클 컬라커시오는 캐더린의 "통제되지 않는 열정"의 반대는 청교도 정신이 아니라 도로시의 "합리적인 경건함(rational piety)"이라고 평하고 있다(178). 문제는 도로시의 행동이 함축하는 의미를 청교도나 퀘이커 교도 모두 다 깨닫지 못한다는 데 있다. 캐더린은 자기 행동을 영감의 소리에 따른 것이라고 정당화한다. "자식을 버리고 떠나라"고 영혼이 말한다는 것이다(44).

캐더린이 떠난 뒤 피어슨 부부의 사랑 속에서 일브라임은 어머니와 헤어진 슬픔에서 회복되어 가며 사랑스러운 어린 아이 모습을 되찾게 된다. 그러나 청교도 사회는 이교도인 아이가 사랑스러운 아이로 성장하도록 내버려 두지 않는다. 자신들과 상치되는 세력에 끈질기게 압력을 가하는 성향은 그 대상이 어린 아이라고 해서 제외되지는 않는다. 세 번째 에피소드는 일브라임이 동네 아이들에게 뭇매를 맞고, 친구로 믿었던 아이로부터 몸과 마음의 상처를 입은 뒤 삶의 의지를 상실하는 이야기이다. 일브라임이 아이의 천진함을 되찾은 얼마 후, 집 근처에서 낙상을 당해 실려와 회복될 때까지 토비아스 집에 머물게 된 자기 또래 아이에게 일브라임은 지금까지 차단당했던 동무에 대한 모든 애정과 호의를 쏟는다. 부상한 이 아이의 모습은 마치 『주홍글자』의 칠링워스나 「내 친척 몰리네 대령」("My Kinsman Major Molineux")의 양면 얼굴의 사나이처럼 악마 같은 모습이다.

청교도 사회의 우울한 점은 "지적으로 둔한 이 아이가 훗날 야심과 특별한 재능을 발휘하게 되었다"(46)는 사실에서 알 수 있는 것처럼 이 아이와 같은 아이들이 사회의 지도자로 성장하게 된다는 점이다. 기이한 외모 때문에 다른 상황이었더라면 여느 때처럼 그 아이에게 접근하지 않았을 일브라힘이 그 소년이 당한 재난이 자기 처지와 비교되어 일종의 공감대를 만든 것처럼 소년의 곁을 떠나지 않고 애착을 보인다. 두 소년의 사이에는 일종의 친밀감이 생겨난 듯이 보인다.

그 아이가 자기 집으로 돌아간 다음 여름날 오후 아이들이 교회 뒷마당에서 놀고 있을 때 한 아이로부터 우정을 얻었다고 생각한 일브라힘은 아이들에게 다가간다. 이 장면의 시작이 평화롭다는 점은 다음 행동의 의미가 갖는 아이러니를 강조한다. 작은 천사처럼 놀던 아이들이 한 순간에 "새끼 악마"가 된 것처럼 일브라힘에게 달려들어 뭇매를 가한다. 악마처럼 변한 아이들에게 당하고 있던 일브라힘에게 그가 친구라고 생각했던 아이가 "일브라힘, 두려워하지 말고 이리 와서 내 손을 잡으라"고 하며 손짓을 한다. 고통스럽게 다가간 일브라힘에게 그 소년은 침착하게 자기가 의지하고 있던 막대로 힘껏 내려친다.

> 희생당한 아이가 고통스럽게 다가오는 것을 지켜본 다음에, 차분하고 흔들리지 않는 눈길로, 악마 같은 마음을 가진 어린 악당이 지팡이를 들고 일브라힘의 입의 피가 솟구쳐 오를 정도로 힘껏 내리쳤다. 때리는 공격으로부터 머리를 감싸기 위해 들어 올려졌던 불쌍한 아이의 팔이, 그 때 바로 내려져 버렸다. 공격을 가하는 아이들은 그를 때리고, 짓밟고, 밝은 색깔의 그의 긴 머리채를 잡고 질질 끌었다. 일브라힘은 피를 흘리면서 천국으로 들어가는 진정한 순교자가 되고 있는 중이었다(47-8).

이 장면에 대해 애그너스 맥닐 도노휴는 "행복하고 순진한 아이들에서 간사한 새끼 악마들로 변해가는 것보다 더 끔찍한 타락을 보여주는 상징은 없다"(146)고 평한다. 이 일화는 아이 차원에서 인간적 가치가 거부되는 것을 보여줌으로써 그 의미가 더욱 충격적으로 제시된다. J. 골든 테일러(J. Golden Taylor)는 일브라힘이 친구로 생각했던 소년의 "도덕적 타락"은 연민과 감사가 말살되어버린 청교도 사회를 보여주는 좋은 예라고 지적한다(47). 일브라힘의 천진함과 사랑스러움은 뒤틀린 인간성과의 부딪침을 견디어 낼 수 없다.

도로시의 극진한 간호에 일브라힘의 몸은 회복되나 정신적 상처는 극복하지 못한다. "그의 예민한 정신에 가해진 상처는, 비록 그것이 보이지 않는다 할지라도 육체적 손상보다 더욱 심각한 것이었다"(48). 이때의 일브라힘의 모습은 그의 무어(Moor)식 이름과 이슈미엘(Ishmael)과 연결되는 고립된 이미지가 강조된다. 이 단편은 사랑이 메마른 소외에서 사랑과 사회적 참여로 나아가야 한다는 것을 얘기하는 듯이 보이지만 애그너스 맥닐 도노휴가 지적하듯이 소외에서 참여로 나아가는 과정에서 엔디컷의 갑옷과 같은 무장을 갖추거나 로빈 몰리네(Robin Molineux)처럼 약삭빠르지 않다면 일브라힘처럼 죽을 수밖에 없다는 가혹한 현실을 보여준다(147).

일브라힘이 죽음으로 다가가고 있는 동안 토비아스는 아이의 불행으로 인해 심각한 정신적인 변화를 겪게 된다. 토비아스의 변화는 심리적인 면과 역사적인 면에서 설득력이 있다.

그의 내면의 작업은 그가 자고 있는 동안에도 진행되는 것처럼 보였고, 그가 쉬기 위해 누웠을 때에도, 그에게 의문이었던 것이 진실의 자리를 잡고 잊혀진 것들이 나타나 확인이 되었다. 그가 광신도와 비슷해지고 있을 때, 그들[청교도들]을 향한 그의 경멸은 전혀 줄어들지 않았고 자신에 대해서도 점점 더 격렬해지고 있었다. ... 그런 것이 일브라힘이 변해가는 도중에 일어나는 마음상태였다. 그의 마음상태에서는 그 아이가 본래의 매개체가 되었다(49).

일브라힘을 만났을 당시 "종교적 무력감"(49)에 빠져있던 토비아스는 이 아이로 인해 퀘이커 교도가 된다. 개종 뒤 그는 수차례의 벌금형과 투옥을 겪게 되며 사업에도 소홀하게 되어 재정적으로도 궁핍해진다. 그러나 토비아스 피어슨은 자기를 핍박하는 청교도들과 맞설 수 있는 "내적인 자질"이 없다. 그가 처한 역사적 상황은 그에게 정당한 선택이나 만족스러운 종교적 체험을 줄 희망이 없다. 다만 그는 박해를 가하는 입장에서 박해를 당하는 입장으로, 쫓는 입장에서 쫓기는 입장으로 역할을 바꿨을 뿐이다. 호손은 토비아스의 종교적, 정신적 위기를 통해서 청교도주의와 퀘이커주의는 서로 반대가 아니라 자기들의 교리에만 집착함으로써 사랑의 본질을 거부하고 이성과 감정의 양 극단으로 치닫는 공통점을 지닌다는 점을 보여준다.

일브라힘이 아버지 무덤에서 울고 있을 때 불던 찬 바람이 그 아이가 자기 무덤으로 갈 때도 불어 닥친다. 아이의 일로 더욱 울적해진 토비아스는 성경에서도 아무런 위안을 찾지 못한다. "기운을 잃지 말라, 당신의 짐은 아직 가볍다"(50)고 위로하는 퀘이커 노인에게 그는 절망에 빠져 "자신은 저주 받은 사람이다"(50)고 외친다. 영혼이 파괴되는 듯한 토비아스의 고통스러운 외침은 독선적인 시대에 인간적인 애정도, 그가 받은 청교도 교육도 버릴 수 없던 인간의 정신적 분열을 보여주는 것이다.

그날 저녁 캐더린이 영국의 찰스(Charles) II세가 퀘이커 교도의 박해를 금지한다는 칙령을 발표했다는 소식을 가지고 토비아스의 집에 도착한다. 아들을 찾는 캐더린에게 퀘이커 노인은 "기뻐하라, 아이의 걸음이 더 이상 당신 발걸음을 방해하지 않을 것이다"(53)고 일브라힘의 소식을 알린다. 마이클 컬라커시오는 어린 아들의 죽음을 기뻐하라는 퀘이커 노인의 조용한 이 말이 내포하는 섬뜩한 광기의 공포를 능가할 수 있는 표현은 미국 문학에서는 찾을 수 없을 것이라고 평한다(182). 이 노인의 말에 "신은 나에게 무슨 일을 하셨나? 신은 그의 손으로 내 마음을 부셔 버리는가?"(53)라는 캐더린의 분노와 탄식은 인간에게는 가족에 대한 사랑과 의무가 종교 교리가 요구하는 의무보다 더 중요하다는 점을 드러낸다. 신의 법칙이란 부모와 자식이 서로 사랑하는 것이며 이웃을 자신과 같이 사랑하는 것이야말로 바로 신을 사랑하는 것과 같다는 점이다. 그러나 아이를 무덤 가에 홀로 두고 떠나버린 캐더린이나 죽어가는 막내딸을 두고 영혼의 소리를 쫓아간 퀘이커 노인, 그리고 사회의 안정을 저해하는 것은 모두 억압해버리는 청교도 세계에서는 신을 사랑하는 것과 이웃을 사랑하는 것이 분리되어 있어서 인간적인 사랑과 미덕은 신에 대한 사랑과 상치된다.

퀘이커 어머니에게 버림받고, 청교도 아이들로부터 치명적인 심신의 상처를 입은 아이가 결국 삶의 의지를 상실하고 죽은 다음 더욱 광적인 신앙의 길로 나간 캐더린은 모든 학대에 기꺼이 몸을 던진다. 퀘이커 교도에 대한 박해가 수그러진 후에야 그녀는 피어슨 부부의 집에 정착하게 된다. 하늘에서 일브라힘이 그녀에게 "진정한 신앙"을 가르친 듯 그녀는 조금씩 부드러워진다. 그리고 이웃 사람들도 그녀를 어느 정도 용납하게 된다. 그녀가 죽었을 때 그녀를 가장 박해했던 사람까지도 장례 행렬을 따른다.

> 모든 사람들이 그녀에 대해 유쾌할 정도의 연민을 가지고 말했다. 모두 다 그녀에게 미미한 친절을 베풀 준비가 되어 있었다. 그것은 값비싼 것은 아니지만 선의는 드러내는 것이었다. 드디어 그녀가 죽었을 때 한 때는 그녀를 무섭게 박해했던 사람들이 긴 행렬을 이루며 별로 고통스럽지 않은 젊잖은 슬픔과 눈물을 흘리면서 그녀의 뒤를 따라 일브라힘의 푸르고 푹 꺼진 무덤 곁의 그녀 자리까지 갔다(55).

이 종결 부분의 냉정하고 세련된 문장을 통해 호손은 이기적이고 타산적이며 다른 인간을 사랑하지 못하는 미지근한 인간성을 신랄하게 풍자하고 있다.

역설적이게도 순한 아이의 이야기는 잔인하고 야만적인 어른들의 문제에 관한 이야기이다. 호손은 청교주의가 사회의 기본 질서로 받아들여지게 되었을 때 야기되는 사회 질서의 경직성과 그 구성원들의 극단적인 배타성을 그리면서, 철저하게 공적 질서를 개인의 자아 위에 놓는 청교도에 대응되는 세력으로 "기존의 모든 정치 체제와 의견에 반대하고 내면의 소리를 주장하는" 퀘이커 교도를 등장시킨다. 청교도의 경직성과 독단성을 비판하며 개인의 자유에 대한 신념을 지지하면서도 호손은 퀘이커 교도들의 "논쟁적이고 격렬한 분노"에 대해서는 지지를 유보한다.

이 단편의 종결은 어린 예수의 상징으로 볼 수 있는 순하고 사랑스러운 한 아이의 죽음의 여파로 청교도와 퀘이커 교도가 서로 조금씩 양보한 것처럼 보인다. 그러나 작가는 두 교파의 변화가 그가 이상적이라고 생각한 것과는 거리가 있음을 드러낸다. 이 단편의 결말에는 그가 진정한 신앙의 태도로 제시하고자 했던 도로시의 존재는 사라지고 자기들에게 위협이 되지 못한 이교도에 이기적이고 미미한 관심만을 보이는 청교도와, 이제는 열정도 희망도 없이 정신적 공허만이 남은 캐더린 홀로 남았다. 사랑의 교류를 용납하지 않는 사회에 적응 못하는 토비아스 피어슨의 고통스러운 내적 방황과, 그 사회에 순응을 거부함으로써 겪는 캐더린의 절망적인 감정의 위기는 다음 장에서 청교도적 질서에 회의를 품고 자아 탐색에 나선 인물들이 겪는 정신적 위기로 이어지게 된다.

제3장

독립된 자아의 탐색

앞 장에서 청교도들의 사회 건설 도상에서 발생한 문제들을 살폈다면 이 장에서는 사회가 정착된 후 육체적으로 정신적으로 독립을 원하는 인물들이 자아 탐색에 나서는 과정과 그 과정에서 겪는 좌절을 「내 친척 몰리네 대령」("My Kinsman, Major Molineux"), 「로저 맬빈의 매장」("Roger Malvin's Burial"), 「젊은 굿맨 브라운」("Young Goodman Brown")에서 살펴보기로 한다. 자아 탐색에 나서는 이 세 주인공들은 아버지의 세계 즉 기존 세계가 제시하는 진실에 의심을 품고 이에 저항을 시도한다. 기존 권위에 저항하는 이 젊은이들은 스스로 자기 만의 권위를 발견하거나 만들어 나가려고 한다. 이들이 저항하는 권위는 아버지, 왕, 신, 다시 말하자면 가정, 정부, 교회가 나타내는 총체적인 권위이며 이 인물들에게는 이들 권위 사이에 아무런 차이가 없다.

로빈 몰리네(Robin Molineux), 루빈 본(Reuben Bourne), 굿맨 브라운은

각기 여러 행태의 권위에 저항하지만 궁극적으로 그들은 자신들의 종교, 즉 기독교에 대한 의문을 제기하는 결과가 된다. 호손이 종교에 대해 특별한 관심을 기울인 것은 그가 살았던 당시의 지적 기류가 종교적 가치에 의해 총체적으로 종합되고 응집력을 가질 수 있었기 때문이라고 퀜틴 앤더슨(Quentin Anderson)은 설명한다.

> 에머슨 시대의 공통된 표현 방식은 종교적이었다. 에머슨과 호손과 같이 근본적으로 반대되는 인물들이 만나는 곳은 종교적인 근거 위에 서였다. 비록 주홍글자와 같은 진부한 표현들이 지금 우리들에게는 어려운 상징처럼 보이지만 당시 모든 사람들에게 즉각적으로 이해되었다. 정치에서가 아니라 종교에서 결집된 삶의 의미 실체가 있었기 때문이다. 이미 수용된 미국적인 신념을 공격하는 것은 추상적인 사고를 공격하는 것이고 에머슨 세대의 저항적인 정신은 인간적 관심사가 깊숙이 흐르는 곳을 공격하였다. 미국인들은 자기네들을 묶어주는 가장 강한 연대가 기독교 연대였기 때문에 재평가되는 종교 가치에 가장 관심이 있었다(6-7).

호손은 시대가 19세기거나 17세기거나 그 시대의 지적 기류를 총체적으로 상징하는 제도로서의 종교적 권위에 의문을 던지나 주인공들이 어떠한 확고한 결론에 도달하도록 허용하지는 않는다. 다만 그는 종교라는 사회의 지배적인 제도에 회의적인 인간이 저항을 제기하는 모습만을 그릴 뿐이다.

　황야에서 새로운 세계를 건설하면서 강력한 질서의식이 절실했던 청교도들은 신의 질서의 개념을 사회 질서를 유지하는 상징으로 받아들였다. 청교도들이 질서와 안정을 지나치게 강조한 것은 그들의 사회구조가 확립되지 못했던 연유로 무질서의 가능성을 두려워했기 때문이었다. 그들이 조화로운 공존을 위한 사회적 계약을 신의 뜻으로 간주했었다는 점을 버나드 베일린(Bernard Bailyn)은 다음과 같이 설명하고 있다.

> 청교도들이 사회적 존재로서 강렬하게 살겠다는 의무감은 신의 의지와 다르지 않았다. 사회는 그 구성원 모두의 선의를 위해 기능하는 유기체였다. 각 구성원은 자기의 복지를 구하지만 전체에 공헌하고 복종했다(56).

17세기 청교도들에게는 종교와 정치가 구분되지 않았으며 종교적 진실이 그대로 사회에 적용되었다.

다음 세 단편들은 사회적 안정과 보편적인 질서의 상징인 신앙심의 상실을 무력화된 권위적 인물로 보여준다. 여기 주인공들은 자아 탐색의 여정이 끝난 후 종교적 권위가 배제된 자신의 자아와 직면하게 된다. 이들은 사회적 행동과 믿음의 외적 양식과는 상치되는 자신들의 자아 안에서 생의 의미를 탐색해야만 한다. 그들의 사고는 내부로 향하고 그들은 사회와 자신과의 관계를 설정하고 이해하는 데 새로운 방식이 필요하다. 그러나 이들은 자기의 관점을 지니고 자기만의 권위에 의존하는 것이 기존 질서에 기대는 것보다 훨씬 어렵다는 것을 깨닫게 된다. 자기 고유의 운명을 만들어가야 하고 자기 행동에 대한 책임도 져야만 하기 때문이다. 기존 질서라는 보호막이 없어진 후 자기 고유의 질서를 만드는 데 실패한 인물들은 자아에 대해서도, 자아 밖의 세계에 대해서도 확신이 없는 끝없는 의심과 절망 속에 남겨지게 된다.

1. 권위의 두 얼굴 ― 「내 친척 몰리네 대령」

　이 단편은 로빈이라는 소년이 자신이 의존할 인물을 찾아 나섰다가 그 인물이 아무런 힘이 없음을 목격하고 스스로 자신의 정체성을 설정해야 하는 혼돈된 상황에 놓여진다는 이야기이다. 로빈이 뉴잉글랜드 타운으로 들어올 때[8] 그는 이 세상 젊은이가 누구나 한번 겪는 여행을 시작한다. 빈털터리 젊은이가 입신을 위해 힘 있는 친척을 찾아 나서는 이야기는 아주 흔하다. 그러나 설화 속 인물들이 달성할 과업과 목적이 뚜렷한 것과는 달리 로빈은 출세에 도움이 될 친척을 찾아나서는 것 외에 자신의 여행 목적을 설명하지 않는다. 그는 친척의 집도 또 근황도 모르고 단지 여러 해 전 친척이 했던 막연한 약속을 근거로 친척을 찾아 나선 것이다. 로빈이 그 고장에 도착한 날 식민지 정부의 관리인 친척이 반군들에 의해 모욕을 당하는 광경을 목격하게 된다.[9] 호손은 이렇게 하여 개인과 사회의 매듭을 이야기의 중심에 놓는다. 그가 작품 서두에서 이 이야기를 "반란의 이야기"라고 했듯이 한 개인이 기존 질서에 믿음을 상실하게 된 사건을 이 도시 사람들의 식민지 정부에 대한 저항과 연결시키고 있다. 호손은 이렇게 함으로써 우리로 하여금 로빈이라는

---

[8] 이 도시에 들어오는 로빈의 모습은 벤자민 프랭클린(Benjamin Franklin)이 그의 『자서전』(The Autobiography of Benjamin Franklin)에서 보여준 필라델피아에 처음 걸어 들어오는 모습을 연상시킨다. 호손은 이 단편의 아이로니컬한 결말을 통해 젊은이가 자력으로 이 세상에서 입신할 수 있다는 프랭크린의 신화가 갖는 신빙도를 축소시키며 그 신화가 내포하는 악의 의미를 무시하려는 19세기 당시의 경향을 비판한다.

[9] 호손은 이 작품의 서두에서 지금부터 약 100년 전의 이야기라고 말하고 있으나― 이 단편은 1827년에서 29년 사이에 쓰였다― 몰리네 대령의 사건 배경은 1730년 윈스롭 주지사의 신세계 도착 100주년 기념행사가 있던 하지 전야제 행렬, 1760년대의 우표세금(Stamp Act) 부과로 인한 보스톤 자유당원(Boston Son of Liberty)의 소동, 1770년대의 보스톤 차(Boston Tea Party) 사건을 섞어 놓은 듯이 보인다(Schulman 115).

한 소년이 자신의 정체성을 확립하는 중요한 순간과 미국 독립 혁명의 출발점이 되는 극적인 순간을 함께 포착하게 만든다. 뿐만 아니라 그는 성년이 되는 자신의 내적 체험을 미국혁명 직전의 배경과 그 시대의 갈등을 통해 이야기한다.

로빈이 자신의 출세를 돕겠다고 언질을 준 아버지 사촌 몰리네 대령을 찾아 나설 때 그에게는 아버지 세계의 권위와 질서에 대한 확신이 있었다. 그의 아버지와 몰리네 대령은 로빈이 지니는 기존의 세계관을 상징하는 인물로 볼 수 있다. 개척지의 목사인 아버지가 질서 정연한 우주에 대한 종교적 믿음을 상징한다면 식민지 정부의 관리인 대령은 안정된 정치체제를 보장하는 사회적 권위를 나타낸다. 자식이 없는 대령은 로빈을 아들로 맞아들이겠다는 언질을 줬었다. 그는 관습에 따라 가업을 잇지 못하고 집을 떠나야 하는 둘째 아들이었고 몰리네 대령처럼 영리하다는 평판을 듣고 있었다.

그러나 로빈이 영리하다는 평가는 객관적인 것이 아니라 그의 가족들이 내린 것이다. 사실 방망이 하나를 가지고 나루터에 내린 로빈은 어머니와 누이가 손질해준 낡은 옷과 아버지가 쓰던 모자를 물려 쓴 행색이 초라한, 예의 없고 투박한 시골뜨기이다. 로빈은 친척의 영향력으로 자기가 이 도시에서 좋은 대접을 받을 거라고 생각할 만큼 어리석다. 그를 대담하게 만든 또 하나의 요인은 전통적인 가치에 대한 그의 믿음이다. 지나가는 여행자를 마당에서 하는 저녁 기도에 선뜻 초대하는 시골 고향의 관습이 도시에서도 그대로 연장되는 줄로 알고 있다. 그러나 그런 전통적 가치는 막 들어선 새로운 고장에서는 아무 의미도 없다. 강을 건너는 것은 그의 생에서 가장 깊은 의미를 상징한다. 자아 탐색에 나서는 모든 이들이 그러하듯 한번 지나온 길은 다시는 돌아갈 수 없는 일방통행의 길이다(Donohue 202). 로빈이 건너온 강은 도시와 시골의 경계이고 산 자와 죽은 자들 사이에 과거를 망각하게 만드는 스틱스(Styx)와 레테(Lethe)와 같은 강을 연상시키며 미성년자와 성인 사이의 상징적 경계이다. 로빈은 구식의 지침과 확실한 믿음이 무력해지는 세계로 들어선 것이다. 혼돈된 세계에서 자기 본래의 위치를 이탈해버린 자의 혼란이 로빈이 어둡고 조용한 이 도시에 도착한 순간 드러난다.

    로빈의 변화는 세 단계로 나눌 수 있다. 첫째는 그가 몰리네 대령의 거처를 묻는 과정에서 사람들과의 만남이다. 호손은 다양한 계층의 사람들을 그의 안내자로 등장시킨다. 이 사람들은 모두 안내인이 되어 달라는 로빈의 청을 거부한다. 매번 조롱과 치욕으로 끝나는 그의 부탁이 거부될 때마다 로빈이 애초에 품었던 희망과 이날 밤 자기가 겪는 체험 사이의 거리가 점차 벌어지는 양상이 주의 깊게 제시된다. 이 과정에서 로빈은 그의 가치관이 도움이 되지 않는다는 걸 점차적으로 깨닫게 된다. 그리고 처음부터 예의가 바르다고 볼 수 없던 그의 거동이 점점 더 적대적이고 호전적으로 변해간다. 이는 그의 행동이 저항군들의 행동과 점점 유사해지는 것을 암시하는 것이다. 두 번째 단계는 잠시 탐색을 멈추고 한 곳에 머무르는 정지의 순간이다. 이 지점에서 로빈의 혼돈과 소외가 정점을 이루게 되며 그의 정신은 내부로 향하게 된다. 마지막 단계는 여태까지 억눌렸던 힘이 폭발하듯이 그를 감싸는 폭력과 혼란의 소용돌이 속에서 그에게 내려진 최종의 시험이다. 마이클 컬라커시오는 로빈이 하룻밤에 겪는 이 체험 속에 성장소설(Bildungsroman)의 주인공들이 겪는 체험이 다 들어 있다고 말한다(131). 로빈은 이 밤의 체험을 통해 인생입문(initiation)의 의식을 치른다.

그의 첫 안내자로서 호손은 "차가운 무덤 같은 음산한 기침"을 해대는 노인을 등장시킨다. 로빈은 굿맨 브라운이 숲에서 악마의 지팡이를 붙들 듯이 이 노인의 옷자락을 붙잡고 늘어진다. 이런 예의 없는 행동은 그의 수동성과 공격성을 동시에 보여주는 것이다. "나는 몰리네 대령을 모른다"(5)고 딱 잡아떼는 노인의 예상치 못한 태도에 놀라지만 로빈은 풍채 좋은 이 노인이 "몰리네의 집을 한 번도 방문해보지 못한 시골뜨기 위원"(5)일 것이라고 생각한다.

"음산한 기침"을 연신 해대는 이 노인은 사라져가는 구질서를 상징한다. 지사와 같은 상류 계급에게나 어울릴 듯한 옷차림 즉 회색 가발, 품위 있는 망토, 실크 스타킹 등은 로빈이 막연하게 그리던 친척의 외모와 비슷하다. 그러나 이 노인 역시 이 이야기 끝 부분에 가서는 몰리네 대령의 모습만큼이나 우스꽝스럽게 나타난다. 대령이 깃털과 타르를 바른 치욕스러운 모습으로 지나간 뒤 교회 건너편 저택의 유리창에 비친 노인의 모습에는 로빈을 만났을 때의 당당한 모습은 간 곳이 없다. "고딕식 유리창 앞에 회색 가발 대신 나이트캡을 쓰고 가운으로 몸을 감싼 모습"(16)은 한 시대의 종말을 표상한다. "늙은 시민"이라 불리는 이 노인의 운명은 몰리네 대령과 비슷하다. 로빈의 마음에서 이 두 인물의 이미지는 기존의 권위와 연결되면서 결합된다. 친척이 권좌에서 물러난 것을 눈으로 확인한 후 로빈이 그 노인을 보았다는 것은 중요한 의미가 있다.

노인에게서 몰리네 대령의 거처를 알아내지 못한 로빈은 여관으로 들어간다. 소란스러운 그 곳에서 그는 자기 내부에서 그 때까지 의식하지 못한 자유에 대한 충동을 확인한다. 여관 안 술집의 야성적인 분위기와 선원들에게 호기심을 느끼던 그는 특히 문 가까이에서 동료들과 이야기를 나누는 독특한 용모의 사나이에게 강하게 끌린다.

> 비록 로빈은 이 낯선 사람들과 형제애를 느꼈지만, 그의 시선은 창 가까이 서서 초라한 차림새의 동료들과 나지막하게 이야기를 나누는 사람에게로 옮겨갔다. 그의 얼굴은 눈에 띨 정도로 기괴했고, 얼굴 전체가 깊은 인상을 남겼다. 그의 이마는 가운데가 쑥 들어갔고 양쪽으로 튀어나왔다. 코는 고르지 못한 선으로 대담하게 솟아있었고 콧등이 손가락 넓이만큼이나 넓었다. 눈썹은 깊고 짙었으며 눈썹 밑의 시선은 동굴의 불처럼 이글거렸다(8).

사회 외곽에 있는 이런 인물들은 권위에 대한 저항과 파괴의 세력을 나타낸다. 잠재의식적으로 그는 이 인물들에게서 강한 자유의 충동을 느끼지만, 그는 이들이 나타내는 충동에 동의할 수 없다.

로빈이 여관 주인에게 몰리네 대령의 거처를 묻자 모든 사람들이 술렁거린다. 로빈은 이 움직임을 모든 이가 자기 안내인으로 나서는 것으로 착각한다. 그러나 뜻밖에도 여관 주인은 로빈이 탈주자인지도 모른다고 생각한다. 로빈의 행색이 도망 나온 계약 노동자나 주인에게 매여 사는 종과 비슷하다는 것이다. 그가 아버지를 떠났다는 점과 몰리네 대령에게 의존해야 한다는 것 그리고 그 친척 대령을 배반해야 한다는 점은 수배 광고의 하인들 신세와 비슷할 것이다. 여관에서 발걸음을 돌리는 그는 그 곳의 모든 이들이 자신을 비웃는 듯 일제히 웃어 제치는 소리를 듣는다. 그 때도 그는 돈이 없어서 자기가 여관 주인의 괄시를 받는 것으로 생각한다.

친척의 거처를 찾기 위해 시내를 헤매던 로빈은 구세대의 노인, 그리고 새로운 저항 세력을 상징하는 여관의 손님들을 만난 뒤, 어른이 되는 데 거쳐야 하는 하나의 관문 즉 성의 충동을 확인하게 된다. "며칠에 걸친 나룻배 여행보다 몇 시간의 시내 방황으로 더 피곤해진"(8) 로빈이 반쯤 열린 문에서 나온 "빨간 페티코트 아가씨"에게 몰리네의 거처를 묻는다. 그녀는 그가 지금 이 집에서 자고 있다며 들어오라고 로빈의 손목을 끈다. 이 아가씨는 로빈의 성적 욕구를 상징한다. 18세의 소년답게 그녀의 성적 매력에 끌려 그녀 집으로 막 들어가려는 찰라 야경꾼에 놀라 여자는 집으로 들어가 버린다.

다시 혼자가 된 로빈은 야경꾼에게도 친척 집을 물어보지만 그 역시 대답이 없다. 대신 빨리 집에 돌아가지 않으면 가두겠다고 하는 위협에 로빈은 "차라리 감옥에서 이 밤을 지내는 게 낫겠다"(9)고 생각할 정도로 지쳐있다. 친척 집을 찾으려는 그의 노력이 아무 쓸모가 없게 됨에 따라 거리는 점점 미로가 되어가고 그의 의식은 어두운 미궁에 빠져들며 절망은 깊어진다.

여관의 무리들을 교회 앞에서 다시 만났을 때 그들은 로빈에게 말을 걸지만 그는 알아들을 수가 없다. 그는 그들의 세계로 들어가는 암호를 모르는 것이다. 결국 그는 자신이 버림받은 이방인이라고 생각하게 된다. 이곳 사람들과 의사소통을 하지 못하는 그는 점점 혼돈에 빠지며 자기 무의식으로 깊이 빠져 들어간다. 그러는 과정에서 그는 마음 속에 있던, 여태까지 깨닫지 못했던 새로운 세계에 대한 호기심을 느낀다. 로빈은 포기하지 않고 지나가는 모든 사람을 가로막고 물어봐야겠다고 새롭게 다짐한다. 로빈이 여관에서 보았던 우람한 체구의 사나이는 자신의 위협에도 불구하고 집요하게 묻는 로빈에게 여기에서 한 시간만 기다리면 친척을 만날 수 있을 것이라고 가르쳐준다. 이로써 로빈은 몰리네 대령의 치욕을 목격하도록 초대를 받은 것이다.

로빈은 몰리네 대령의 처형을 목격하기 전, 그에게 기존 질서를 총체적으로 상징하는 교회와 만나게 된다. 로빈은 문이 닫힌 교회에서 기존 가치관은 도움이 되지 않으며 예전 세계로는 돌아갈 수 없다는 것을 절실히 깨달아야만 한다. 문이 닫혀 들어갈 수 없는 무력한 교회의 모습은 아버지의 믿음이 그에게 예전처럼 도움이 될 수 없음을 암시한다. "서쪽 구름 사이로 빛나는 황금빛 속에서 성경을 들고 서 있는 아버지"(11)의 모습은 자연과 신의 질서 내에 존재하는 인간의 모습이다. 아버지의 세계에서는 인간과 자연이 조화를 이루고 있다. 그러나 로빈이 헤매고 있는 이 도시에는 성경이 인간들로부터 차단되어 있고 교회는 문이 굳게 닫혀있다.

> 로빈은 일어나 교회 안을 들여다보기 위해 창틀로 올라갔다. 교회 안에는 흔들리는 달빛이 들어가 아무도 없는 의자들을 비추고 있었고, 조용한 복도에 희미한 빛이 제단 주변을 비추면서 길게 뻗어있었다. 한줄기 빛이 그레이트 바이블의 펼쳐진 페이지를 감히 비추고 있었다 (11-12).

이는 일몰의 황금빛 속에 있는 성서와는 정반대의 이미지이다. 햇빛이 성경 말씀을 깨끗하고 의미 있게 비추는 대신 달빛은 모든 진실을 의심하게 하고 모호하게 만든다. 설교단 위에 펼쳐진 성서 위를 "비추는 한

줄기 달빛"으로는 닫혀 있는 교회의 성경을 읽을 수 없다.

창문으로 교회 안을 들여다 본 로빈은 이 도시에 온 이후 여관에 잠깐 들어갔다가 앉지도 못하고 쫓겨난 것을 제외하고는 어느 집에도 들어가 본 적이 없다. 이는 그가 현실의 가장자리에 존재한다는 사실 즉 기존의 질서인 아버지의 세계에도 새로이 부상하는 폭도들의 세계에도 참여하지 못하는 그의 현실을 상징한다. 그가 자기 위치를 설정하기 어렵고, 이해할 수도 없는 곳에 있다는 느낌은, 폭도들의 행렬을 마치 "열에 뜬 머리에서 튀어나온 꿈"(15)같다고 생각하는 데에서 더욱 고조된다. 이는 아버지의 신앙세계가 제공하는 규칙적인 질서와는 정반대의 것이다. 집에서는 지겨웠던 감사 기도가 지금의 그에게는 귀하게 여겨진다. 이 도시에서 교회의 성스러움을 나타내는 "하늘의 빛은 세속의 더러운 발길이 없는 곳에서만 비추는가?"(12) 하는 로빈의 반문은 교회가 정체성을 탐색하는 인간을 도와주지 못하는 죽은 제도라는 사실을 확인하는 것이다. 완전히 혼자인 그는 가족으로부터도 차단되어 있고 하느님과도 격리되어 있으며 방향을 잃고 도시와 시골을, 과거와 현재를 방황한다. 집에 대한 회상에서 깨어나 텅 빈 거리를 바라보며 그는 자기가 어디에 있는지를 스스로에게 물어본다.

로빈의 반문은 그가 새로운 질서를 탐색 중이라는 것을 말해준다. 결국 그는 몰리네 대령의 집 찾기를 포기하고 곁에 있는 사람에게 나루터로 가는 길을 물어본다. 여태까지의 체험은 로빈에게 확실한 변화를 일으키지 못했다. 단지 이제는 되돌아갈 수 없는 세계로 그는 가려고 할 뿐이다. 그러나 그가 꿈에서 보았듯이 과거로 가는 길은 이미 차단되어 있다. 로빈은 새로운 안내자로 등장한 곁에 앉은 사람에게 "여기에 정말로 그런 사람이 있는지 아니면 내가 꿈을 꾸고 있는지?"(12)를 묻는다. 이 안내자는 로빈에게 같이 기다려 보자고 제안한다.

몰리네 대령과 만나는 시간이 다가올수록 로빈의 혼돈은 더 깊어간다. 점점 더 가까이 들리는 "고함소리, 웃음소리, 그리고 가락이 맞지 않는 나팔소리"는 질서를 중시하는 교회와 전통적 정치체제와 대비되는 혼돈과 증오의 악마적인 충동을 나타낸다고 로버트 슐만(Robert Shulman)은 지적한다(118). 기괴한 모습의 저항군들과 몰락한 몰리네 대령의 모습을 보여주는 행렬은 호손 작품에 흔하게 나타나는 두 개의 원리를 나타낸다. 즉 변화와 안정, 현재와 과거, 혼돈과 질서를 나타내는 것이다. 이들 저항아들의 선동과 폭력은 미국 독립 혁명의 이면을 드러낸다.10) 저항아들의 리더인 "양면 얼굴의 기괴한 사나이"와 장대한 몰리네 대령은 서로 팽팽한 긴장 상태에 있다. 이런 충동들은 항상 호손 마음 속에서 부딪쳐 왔으며 그는 어느 편에도 기울어지지 않는다.

권위와 그 반대 세력에 대한 호손의 분열된 태도는 악마적인 외모를 가진 행렬의 우두머리에 대한 묘사에서도 드러난다. 그는 로빈이 여관에서 본 적 있는 기괴한 외모의 사나이이며 로빈에게 교회 앞에서 기다리면 몰리네를 만날 거라고 가르쳐준 인물이다. 앞서 얘기한 바와 같이 로빈은 이 인물에게 거부감을 느끼는 동시에 강하게 끌린다. 이 사나이가 나타내는 새로운 세계의 에너지, 권위, 힘이 로빈에게 분열을 일으키

---

10) 이 작품에서 반군들의 선동적이고 폭력적인 면의 제시는 미국독립혁명에 대해 19세기 당시 사람들이 갖고 있던 견해와는 상당히 다른 것이었다. 이점이 이 단편이 발표된 20년 뒤 『주홍글자』나 「늙은 영웅들」, 「엘리노의 맨틀」("The Eleanor Mantle")과 같은 작품으로 그의 보수적인 정치적 입장이 독자들에게 확립된 다음에야 『눈사람 이미지』 (*The Snow Image*, 1851)에 재수록하게 된 이유가 될 것이다(George Dekker 175-6).

게 하는 위협적 요인이 된다. 얼굴 양면에 칠해진 빨강과 검정은 불과 어둠의 악마가 한 사람의 몸 안에서 합쳐진 형상이다. 더 구체적으로 이 두 가지 색깔은 혁명의 무서운 증표로 이야기된다.

> 군복을 입고 뽑은 칼을 들고 있는 말에 탄 사람은 지도자로서 앞서 갔다. 그의 무섭고 여러 색깔의 얼굴은 전쟁의 화신처럼 보였다. 붉은 뺨은 불과 칼의 상징이고 다른 쪽의 검은 색은 불과 칼을 따라다니는 비탄을 상징했다(15).

"전쟁의 화신"처럼 보이는 이 사람은 기존 질서를 제압하는 혁명 정신과 과도한 에너지를 나타낼 뿐 아니라 미국의 새로이 떠오르는 질서를 나타낸다. 존 P. 맥윌리엄스는 한쪽 절반은 선동적이며 다른 한쪽은 죽음의 공포를 나타내는 얼굴을 가진 이 우두머리가 독립 혁명 저변에 깔린 동물적 폭력성, 광적인 호전성을 상징한다고 지적한다(186). 불과 칼은 사회 변화를 가져오지만 과거 가치의 희생이라는 대가를 가리킨다. 검은 빛이 나타내는 "비탄"은 기존 정치체제가 지니는 안정의 희생과 몰리네라는 늙은 관리의 처형과 관계가 있다.

호손은 한 밤의 행렬에서 조롱과 비난의 표적인 늙은 관리를 장대하고 위엄 있고 안정된 영혼을 나타내는 모습으로 묘사한다. 고통 속에서도 위엄을 유지하고 안정된 정신을 보여주는 몰리네 대령은 거칠고 격렬한 양면 얼굴의 사나이와는 다르다. "그 상황에서도 자존심을 지키고 모욕을 견디는"(16) 몰리네 대령의 모습이 행렬 지도자보다 훨씬 호의적으로 그려져 있다. 폭력적이고 무질서한 새 지도자와 군중들은 고통 속에서도 여전히 위엄을 잃지 않는 대령보다 훨씬 열등한 존재로 보인다.

광란의 행렬은 제어되지 않은 자유를 나타내며 자기네가 무엇을 하는지도 모르는 한심하고 혼란스런 무리의 면모를 나타낸다. 행렬에 참여한 사람들은 자유가 주는 새로운 느낌에 열광한다. 새로운 세력의 에너지가 기형적이고 파괴적으로 보이는 것은 로빈을 더욱 혼란스럽게 만든다. 행렬 지도자의 얼굴이 둘로 나뉘어 그려진 것은 구세계가 지니는 응집력과 질서가 신세계에 결여되어 있음을 암시한다고 로버트 슐만은 평한다(120). 광적인 행렬은 계속되나 그들이 지나간 거리는 적막하다. 로빈이 깨어나는 곳은 광란이 휩쓸고 지나간 쓸쓸한 거리이다.

밤의 여정에서 로빈은 아버지의 권위와 그 권위에 상응하는 무질서하지만 새로운 느낌의 자유를 체험한다. 그는 구질서와 신질서의 지도자 모두에게 끌리면서 동시에 거부감을 느낀다. 그는 악마적인 외모의 사나이가 보여주는 새로운 세계, 남성적인 힘에 매력을 느끼지만 몰리네 대령의 위엄 있는 태도에도 호감이 가며 그와의 관계도 부인할 수 없어 망연히 서있다.

호손은 로빈을 치욕으로 떨고 있는 친척과 대면시킴으로써 정체성이라는 것은 누구로부터 찾아지거나 부여되는 게 아니라 각 세대마다 새로 만들어지며 스스로 모색해야 한다는 것을 말한다. 로빈은 몰리네와 마주치면서 자아에 대한 무서운 인식의 언저리까지 이르게 된다. 로빈과 친척은 침묵 속에서 서로 마주 보고 서있다. 그는 친척의 곤경에 대해서 "연민과 공포를 느끼지만" 곧 알 수 없는 흥분에 사로잡혀 "덩달아 큰소리로 웃게 된다"(16). 그러나 그 웃음이 절망인지 안도인지 그가 왜 그렇게 크게 웃었는지 알 수 없다. 이 웃음에 대해 마이클 컬라커시오는 로빈이 이제 원하든 원하지 않던 간에 새로운 세력의 세계로 들어

갔음을 보여주는 것이라고 주장한다(149). 그러나 이 시점에서 로빈이 새로운 세력에 동참했는지 아닌지에 대해서 확신할 수 없다. 동정을 필요로 하는 친척을 배반했고, 의지할 친척이 없다는 것을 확인한 뒤 절망과 집에 대한 그리움이 한밤 중 광란의 행렬을 벗어났을 때 그에게 남은 감정들이다. 그의 미래는 매우 불투명하다. 그에게는 독립이라는 즐거움보다도 상실의 고통과 이에 따르는 책임이 더 절실하게 느껴진다.

그러나 그에게는 "친척의 도움 없이도 출세할지도 모른다"고 말해 주는 사람이 있다. 이 사람은 로빈이 목격한 사건을 냉정하게 판단하는 인물이며 이 고장에서 처음으로 그에게 친절하게 말을 건네준 사람이다. 양면 얼굴의 사나이와, 몰리네 대령을 다 아는 그를 도덕적으로 선하다거나 악하다고 잘라 말하기 어렵다. 그는 선과 악을 다 포용하는 사람이며 인간이란 복합적인 존재라는 것을 로빈에게 가르쳐 주는 사람이다. 그는 "여러 사람이 하나의 주장을, 한 사람이 여러 목소리를 지닐 수 있다"(14)는 것을, 로빈이 지금까지 알고 있던 선과 악으로 양분되는 것과는 달리 두 세계가 함께 공존하는 다른 질서가 있다는 것을 알려준다.

로빈도 "이 도시에 들어설 때 가지고 있던 생기발랄함과는 다른 창백한 안색과 눈빛"(17)을 가진 사람이 된다. 저항 세력이 지나갈 때 행렬의 리더가 자신에게 의미 있는 눈길을 던졌다고 그는 생각한다. 그러나 그는 그 행렬에 휩쓸리는 게 두려운 듯이 돌기둥에 매달린다. 그는 아무 거리낌 없이 그들과 함께 행렬에 참여할 수도 없고 아버지 집으로 돌아가지도 못하며, 이제까지 겪은 일을 잊을 수도 없다. 그는 반항하는 군중들과 몰락한 몰리네 대령 사이에서 방황한다. 그는 이제 자기 자신과 마주서야 한다. 로빈은 아직 루빈 본이나 굿맨 브라운이 겪는 절망이나 광기를 체험하지는 않았지만 이제 그는 불확실함이나 혼돈이 무엇인지는 알고 있다.

호손이 이 단편을 쓴 동기로 추측되는 1826년 독립 50주년 기념은 당시 미국인들에게는 식민지 정착 당시 청교도들의 이상을 영광스럽게 완성하는 것으로 받아들여졌다. 미국인들은 독립 혁명을 주도했던 세력의 폭력성을 무시하고 혁명군들의 구호만을 받아들였던 것이다. 로빈의 자아 탐색의 과정을 통해 호손은 애국적인 허세가 주도하던, 영광의 외적 증거만을 찾는 잭슨 시대의 지배적인 분위기에서, 독립 혁명에 대한 복합적인 관점을 제시하며 급진적 에너지의 실상을 드러낸다. 호손은 로빈이 선택해야 하는 사회의 정체를 그가 이 고장에 도착한 날 밤 목격하게 되는 친척의 몰락을 통해 극적으로 드러낸다. 그리고 그는 진정한 독립을 위해 미국 고유의 국가적 정체성을 설정해 나아가야 하는 중요한 시점에서 미국 역사의 한쪽 면만이 아닌 온전한 모습을, 그리고 미국 역사가 갖는 죄와 정당성을 다 같이 제시한다.

2. 좌절된 저항 －「로저 멜빈의 매장」

「몰리네 대령」이 가부장적 권위와 공공의 권위가 도전 받는 것을 그린다면 「로저 멜빈의 매장」은 우주에서의 신의 질서, 가족과 종교의 의무와 같은 전통적인 권위에 의문을 제기한다. 앞의 작품이 정치적인 차원에서 영국 법에 반대하는 사람들의 저항을 배경으로 아버지의 권위로부터 벗어나려는 10대 소년의 개인 이야기가 궁극에 가서는 역사적이며 정치적인 면을 수렴하도록 만들고 있는데 반해, 이 단편은 '러브웰 전투'(Lovewell's Fight)[11]로 알려진 인디언과의 전투에서 살아남은 유일한 생존자인 루빈 본이라는 젊은이가 아버지 같은 인물 로저 맬빈과의 약속을 지키지 못해 겪게 된 일생의 고통과 가족 붕괴를 통해 전통적 권위에 대한 저항과 그 저항의 좌절을 보여준다. 「몰리네 대령」이 미국의 독립 과정에서 영국과의 대외적인 관계를 다루고 있다면 이 단편은 미국 내의 문제 즉 토착민과의 관계에서 비롯된 문제를 논의한다고 볼 수 있다. 호손은 이 작품에서, 사실을 정직하게 말하지 못한 루빈의 행동이 다른 이들에게 미화되어 수용되는 과정을 보여줌으로써 미국 역사와 문학이 개척지 체험의 본질을 어떻게 왜곡시키는가를 보여준다. 이 단편은 당시 변경(frontier) 지방에 대한 낭만적인 환상, 영웅적인 무용담이 주류를 이룬 당시 대중 문학의 성향과 잭슨 대통력의 인디언 제거 정책에 대한 "인습적인 관점과 인습 파괴적인 관점 사이의 괴리"(Reynolds 114)를 드러낸다.

  잭슨 시대의 내셔널리즘은 영토 확장과 밀접한 관계가 있었다. 백인들의 영토 확장에는 인디언과의 불가피한 마찰과 원주민들의 처참한 희생이 밑에 깔려 있다. 마이클 로긴(Michael Login)은 잭슨의 민주주의는 인디언 제거정책과 긴밀한 관계가 있음을 다음과 같이 지적하고 있다.

---

11) 1725년 5월 존 러브웰 대장(captain John Lovewell)과 46명의 원정대가 피쿼킷(Pequawket) 인디언들에게 복수를 하기 위해 떠났었다. '러브웰의 전투'라고 알려진 곳에서 백인들과 인디언 양측 모두 희생자가 많았다. 이 싸움에서 백인들의 '영웅적인 재난은 많은 민요, 시, 기념사의 주제가 되었다. 1825년 4월 메사추세츠 주, 메인 주, 뉴 햄프셔 주에서 행해진 '러브웰의 전투' 100주년 기념행사가 아마도 호손이 이 전투에 관심을 갖게 한 것으로 짐작된다(이 단편은 1827년에서 1829년에 쓰여진 것으로 추정된다).

잭슨은 서부로의 확장과 인디언 제거를 통해 미국의 국가 정체성을 형성하였다. 인디언과의 갈등은 강력한 애국주의와 호전적이고 진보적인 평등주의, 비범하고 전국적인 정치적인 인물을 만들어냈다. 그는 잭슨적인 민주주의의 핵심을 이루는 원시적인 분노와 농경사회에 대한 향수, 그리고 탐욕스런 자본주의가 혼합된 것을 발전 시켰다(8).

호손이 「중심가」("Main Street")에서 얘기하듯 미국 땅에서 인디언은 사라진 것이 아니라 백인들에게 죽음을 당한 것이다. 인디언과의 전쟁은 식민지 시대에, 머나먼 변경 지방에 있던 국지적인 문제가 아니고 미국 독립 혁명만큼이나 중요하고 의미가 있다. 왜냐하면 그것은 미국이라는 나라의 건국과 도덕성에 직접 관련이 있기 때문이다. 호손은 인디언과의 싸움이 하나의 모티브를 제공한 사건을 제시해, 미국의 형성 과정에 있던 추악한 사실들을 외면하는 미국인들의 태도를 비판한다.

「로저 맬빈의 매장」은 인디언과의 전투에서 생존한 두 명의 부상병들이 마을로 돌아가기 위해 사흘 동안 인적 없는 삼림을 헤매는 이야기로 시작된다. 루빈의 행동은 숲에서 시작하여 숲에서 끝난다. 그의 행로는 세 단계로 나누어지는데, 그가 로저를 떠나 구조될 때까지, 그리고 약속을 이행하지 못하는 가책으로 점차로 우울한 인간으로 변해가는 과정, 마지막으로 그가 숲으로 다시 돌아오게 되는 종결 부분이 그것이다. 루빈은 아버지와 같은 안내자 로저와 함께 탐색의 여행을 시작하여 그의 곁을 떠나 혼자 길을 가지만 결국 로저의 믿음에 굴복하는 것으로 끝을 맺는다.

부상이 심한 로저가 루빈에게 자기를 두고 떠나라고 하는 장면은 그가 이 젊은이에게 아버지 같은 존재임을 드러낸다.

아니야, 내 아들, 아니야… 죽어가는 이 사람의 소원이 자네에게 영향
력을 갖기를 원하네. 자네는 내 손을 잡아주고 나서 떠나게. 자네는 내
마지막 순간에 자네를 더 붙들어 두어서 죽게 내버려두는 생각을 하
면 내가 편해질 거라고 생각하나. 난 자네를 아버지처럼 사랑해왔어,
루빈. 이럴 때 난 아버지와 같은 권위를 가져야 하네. 난 내가 평화롭
게 죽을 수 있도록 자네가 떠나기를 명령하네(19).

로저가 죽어가면서도 집에 있는 듯한 안정감을 느끼는 것은 이 세계가
질서정연하고 의미가 있다는 확신에 차 있기 때문이다. 그는 신께 드리
는 기도의 효력을 믿어 의심치 않는다. 루빈이 마지막 본 로저의 모습도
그가 자신과 도커스(Dorcas)를 위해 기도 드리는 모습이었다. 로저의 마
지막 소원은 루빈이 돌아와 자기 뼈를 땅에 묻고 기도드려주는 것이다.
이 같은 그의 소망은 종교적 전통에 대한 굳은 믿음을 반영한다.

루빈은 로저의 운명이 결정되기 전 그의 곁을 떠나는 것을 망설이나,
마을로 간 뒤에 구조대를 보내라는 로저의 제안을 받아들인다. 구조대
가 올 때까지 생존 가능성이 없음을 예감하는 로저는 딸 도커스를 루빈
에게 맡긴다. 루빈 역시 둘 다 살 수 있는 가능성이 없는 것을 알고 있다.
그는 "생존에 대한 욕망 그리고 행복의 희망"에 저항할 수 없어 로저의
곁을 떠난다.

루빈은 황야 깊숙이 로저를 따라 갔지만 자신의 안전과 안정된 세계
를 찾는 데에는 스스로 탐색해 가야만 한다. 로저와의 여행이 끝나는 곳
에서 루빈은 혼자 여행을 시작한다. 루빈의 무경험은 로빈의 서투른 태
도처럼 전편에 걸쳐 강조되고 있다. 처음에 그는 "겨우 어른이 된 젊은
이"로 묘사된다. 마지막 장면의 그는 "부상당한 젊은이가 했던 맹세를

이행하기 위해 온 메말라버린 남자이다."(32) 루빈이 성년으로 변화하는 데에는 분열과 상처가 있다. 이 체험은 그에게서 모든 것을 빼앗아가고 소외된 인간으로 만들어 버린다.

로저는 루빈에게 자기를 두고 떠나라고 하면서 루빈으로 하여금 언젠가 다시 돌아와 자기 유골을 매장해 준다는 맹세를 하게 한다. 이 맹세는 유골을 땅에 묻음으로써 자기 영혼이 사자의 세계로 들어간다는 전통적 질서와 신의 영원함에 대한 로저의 확신에서 비롯된 것이다. 루빈은 로저와의 맹세를 통해 로저의 세계로 들어간다. 그래서 피로 맹세한 약속이 이행될 때까지는 루빈은 평화를 얻지 못한다. 호손은 로저와 루빈이 하는 맹세에서 언급되는 매장의 중요성을 이렇게 말하고 있다.

> 아마도 산 자와 죽은 자 모두에게 관련이 있는 인디언의 관습에서 비롯되었을 미신적인 관심은 무덤의 의식(rites of sepulcher)에 개척지 주민들이 주의를 기울이게 만들었다. 황야의 칼에 쓰러진 사람들을 매장하려는 시도에서 인명이 희생되는 경우가 많았다. 그래서 루빈은 로저 맬빈의 장례식을 거행하기 위해 돌아오겠다고 엄숙하게 했던 약속의 중요성을 아주 충분히 느끼고 있었다(22).

"로저 맬빈의 장례식"이라는 제목에서도 알 수 있듯이 로저의 유골을 땅에 묻는 장례의식이 강조되어 있지만 그것은 자기 약속을 지키지 못한 루빈이 받는 심리적 압박감으로 인해 한층 더 강조된다. 이 맹세는 기존의 질서의식과 연결되어 있어 이를 지키지 않는 것은 기존 질서를 위반하는 것이 되어 루빈의 정신에 심각한 영향을 끼치게 된다. 그것은 루빈에게 조상의 믿음을 이행하지 못했다는 죄의식을 유발시켜 정신적으로 그를 쇠약하게 만든다.

로저의 곁을 떠나 "발자국이 없는 숲으로 가는 루빈의 여정"은 인적 없는 숲을 헤쳐 나가야 하는 육체적인 여행 이상의 뜻을 함축한다. 길이 없는 숲은 바로 질서가 잡히지 않은 그의 마음, 안내자가 없는 그의 처지를 나타낸다. 그는 스스로 길을 헤쳐가야만 한다. 처녀지는 인디언 때문에 위험한 것이 아니라 행동규율이 없기 때문에 위험하다. 아버지는 아들에게 세세한 충고는 할 수 있지만 직접 길을 인도하지는 못한다. 로저를 두고 떠난 후 루빈은 부상으로 인한 고통 속에서 길을 잃고 헤맨다. 그는 모든 노력을 다하지만 "그가 찾는 집으로부터 자꾸 멀어진다"(23). 이런 "정신적 방황"은 그가 집에 도착한 후에도 계속된다.

혼수상태에서 깨어난 다음 자기 아버지의 안부를 묻는 도커스에게 그는 사실대로 고하지 못하고 도커스와 자신이 믿고 싶은 대로 말해버린다. 루빈은 자기가 도커스가 기대하는 영웅이 아니라는 사실을 인정하는 것을 두려워한다. 그는 정직하게 털어놓지 못하는 자기 행동을 장황하고 주변을 맴도는 말로 변명한다. 도커스 역시 루빈이 고백할 수 있는 시간을 주지 않고 성급하게 나름대로의 결론을 내린다. 아버지가 죽었을 거라는 사실은 쉽게 추측하나 인디언과의 전투에 참여한 전사들의 용맹에 관한 소문을 그대로 믿는 그녀는 루빈이 자기 아버지가 죽기 전 그의 곁을 떠났으리라고는 상상하지 못한다. 루빈이 사실을 조작하는 방법은 마을 사람들이 전쟁 영웅에 대해 가지는 낭만적인 환상과 부합된다. 이는 바로 범속하고 추악한 사실이 어떻게 영웅적인 이야기로 변화되는가를 보여주는 것이다(Colacurcio 120).

호손은 루빈의 행동을 모호하게 기술하고 있다. 그는 루빈이 로저를 떠나지 않았더라면 루빈 역시 죽었을 거라 하면서 "그런 쓸모없는 희생에 그가 몸을 피했다 할지라도 누가 그를 비난할 수 있는가?"(23)라고 반문한다. 그러나 동시에 작가는 루빈이 로저를 떠난 이유가 "삶에 대한 이기적인 애착" 때문이었다는 점도 지적한다. 루빈은 어른이 되기 위해 로저라는 아버지를 떠나야 하나 그 뒤에 그가 느끼는 죄의식은 자기 행동을 도덕적으로 잘못된 것으로 만든다. 그는 자신이 로저를 남기고 온 행동은 정당화시킬 수 있다고 할지라도, 도커스에게 한 행동을 용서할 수 없다.

> 그는 도커스에게 사실을 드러내려던 말을 못하게 만든 자기의 도덕적인 위선을 깊이 그리고 뼈아프게 후회했다. 그러나 자만심과 그녀의 사랑을 잃게 될지도 모른다는 두려움, 모든 사람들이 할 조롱에 대한 두려움이 이 거짓을 바로잡는 걸 막았다. 그는 로저 맬빈을 떠난 것에 대해서는 어떤 비난도 받지 않아도 되었다. 그가 그 자리에 있는 것, 보은을 위해 자기 생명을 희생하는 것은 죽어가는 남자의 마지막 순간에 또 하나의 쓸모 없는 고통을 보탰을 것이다. 그러나 사실을 감추는 것은 정당화될 수 있는 행동에 숨겨진 죄의 결과를 가져다 주었다. 이성이 그에게 옳은 일을 했다고 말했지만, 루빈은 발각되지 않은 죄를 지은 자를 벌하는 정신적인 공포를 적지 않게 경험했다(25).

자기 행동을 용납하지 못하는 그에게는 사회와의 관계가 자신을 지탱시켜준다. 그러나 그의 사회적 관계는 거짓을 바탕으로 해 자신의 공적 자아를 온전하게 지탱할 수도 없고 개인의 자아에 대해서도 확신을 갖지 못하게 되어 그는 "정신적 공포"로 괴로워하게 된다. 자신의 행동을 정당화하려는 자아와 정당화시킬 수 없는 자아 사이의 분열이 결국 그를 파괴시킨다. 루빈은 로저에게 했던 맹세를 행하고 전통적 가치에 따라 살거나, 그것을 전면 거부하고 자신의 '이성'에 따라 사는 길을 선택할 수도 있다. 그러나 자기 행동을 솔직하게 밝히지 못하는 그는 로저의 종교적 믿음을 완전히 부인할 수 있는 확신이 없다. 그의 생각은 언제나 로저가 죽은 장소로 되돌아갈 뿐이다.

> 수년 동안, 그 생각이 때때로 떠올랐다. 그 생각이 어리석고 지나치다고 느끼지만 그는 그것을 마음에서 지울 수 있는 힘이 없었다. 그것은 장인이 여전히 바위 발치 낙엽 위에 앉아 자기가 맹세한 도움을 기다리고 있다는, 그를 쫓아다니고 괴롭히는 환상이었다. 이런 정신적인 착각은 떠올랐다 사라졌다 했고 그는 그것을 현실로 착각하지는 않았다. 그러나 가장 고요하고 명징한 기분을 들 때에 그는 자기가 깊은 맹세를 지키지 않았다는 것을, 매장되지 않는 시체가 황야에서 자기를 부르고 있는 것을 의식하고 있었다(25).

로저 맬빈의 "매장되지 않은 유해"는 루빈에게 한 순간의 평화도 허용하지 않고 마음 한 구석에서 계속 그에게 말을 건다. 그가 "정신의 속임수"라고 생각하는 것은 사실은 그의 현실이라고 할 수 있다. 처음에는 이런 내면의 요구를 자기가 로저의 유골이 있는 바위를 찾지 못할 거라고 합리화시키지만 계속 그에게만 들리는 목소리가 있다. "해가 감에 따라 그 소리는 들리지 않게 되나 그는 자신이 내면의 명령에 따르지 않고 있음을 절감한다"(25). 로저 맬빈의 죽음을 지키지 못한 채 떠났고 약속대로 돌아가 유해를 묻어주지 못한 것 때문에 그는 정신적인 안정을 잃게 되고 우울한 사람이 된다. 기존 신앙이 요구하는 질서를 지키지 못한 그는 그 신앙을 대신할 어떤 것도 찾지 못하고 자기 행동을 계속 합리화 시키려 하나, 아무 위안도 얻지 못하는 합리주의자의 딜레마에 빠진 절망적인 인간이 된다.

확고한 신앙이 없고 정신적으로 불안정한 루빈의 삶은 퇴보하기 시작하고 도커스와의 결혼으로 물려받게 된 농장은 점점 황폐하게 된다. 아버지와의 약속을 지키지 못했던 그는 가장으로서의 가치관을 정립하지 못해 자신이 아버지가 되었을 때 실패할 수밖에 없다. 그는 아버지의 가치를 저버렸으나 그것을 대체할 자기만의 가치를 세우지 못한다. 변덕스럽고 무성의한 그는 농장을 잘 가꾸지 못하며, 이웃과 송사에 자주 말려들게 되어 결국 신세를 망친다. 인근에서 가장 크게 농장을 번성시켰던 로저와는 달리 그는 농장주로서 실패할 뿐 아니라 좋은 남편도 되지 못한다. 도커스의 안정된 성격은 루빈에게 전통적 질서에 절대적 확신을 지녔던 장인 로저를 연상시켜 아내란 그에게 괴로운 존재일 뿐이다. 아내와 벽을 느끼는 그는 아들 사이러스(Cyrus)에게 예전의 자기 모습을 찾아내고 흐뭇해한다. 아들은 "훌륭한 장부감"으로 루빈의 잃어버린 남성성을 확인해주는 매개체이며 세상으로부터 고립되어 있는 그에게 아들은 남성적이며 권위적인 세계와 연결하는 유일한 고리이다.

자책으로 얼룩진 십여 년의 결혼 생활 뒤에 루빈은 아내에게서 보다는 "황야의 처녀지"에서 위안을 찾는, 경제적으로 정신적으로 파산한 인간이 되었다. 그러나 처녀지는 여성적인 자비의 땅이 아닌 인디언과 청교도 간의 싸움이 있었던 곳이며 남성다움이 발휘되는 영역이다. 개척지는 미국인들에게 이상화된 남성다움을 불러일으킨다. 작가는 이야기 서두에서 "기사도"(18)를 말하고 있다. 루빈은 문명사회의 가부장적 신화와 황야의 남성적인 신화를 추구한다. 그러나 남성의 상징인 총으로 아들을 죽일 때 그는 남성적인 신화에서 깨어나게 된다. 에드윈 퍼셀(Edwin Fussel)은 호손이 개척지에 대해 이야기 하는 것은 "서부야말로 과거의 문제로부터 자유로운 새로운 세계로서의 서부 신화를 해체하는 패러디"(75)라고 한다. 남성다움을 추구하는 서부의 신화와 가부장 개념은 서로 잘 맞는다. 이 황야의 신화는 바로 문명화되고 경직된 가부장제도가 만들어낸 것이기도 하다.

파산한 루빈은 황야를 개척해 다시 재산을 일구어보겠다고 가족과 함께 황야로 들어간다. 그가 오래 전 떠나왔던 곳으로 돌아가는 이 여행은 그가 아버지의 세계에 굴복하는 것으로 끝을 맺는다. 그의 여정이 5월에 끝난다는 것은 의미심장하다. 그가 로저를 떠났던 바로 그 계절에 가족 전원이 순례를 떠난 것이다. 그러나 그들은 숲에서 벌어질 대파국에서 자기들의 역할을 깨닫지 못한다. 이 가족이 황야로 가는 길을 따라가며 호손은 로저가 루빈에게 말했던 것과 같은 남자의 평화로운 일생에 대해 길게 이야기하고 있다.

열정적인 백일몽 속에서 아름답고 순한 여자와 함께 무기를 가볍게 쥐고 여름철 황야를 산책하는 것을 바라지 않는 이가 있을까. 젊었을 때 자유롭고 힘찬 발걸음에는 대양이나 눈으로 덮힌 산악지대를 제외하고는 어떤 것도 장애가 되지 못했다. 좀 더 차분한 어른이 되면 맑은 개울가에 자연이 두 배의 부를 걷어 들이는 곳에 가정을 선택할 것이다. 순수한 삶을 산 기나긴 세월 뒤에 백발이 되면 그는 앞으로 다가올 강력한 나라의 창시자가 된 자신을 발견하게 되었다. 행복한 하루를 지낸 다음 우리가 환영하는 달콤한 잠처럼 죽음이 그에게 오면 그의 아득한 후손들이 이 존경하는 이의 주검을 슬퍼할 것이다. 신비한 전통으로 감싸여서, 미래 세대들은 그를 신과 같다고 말할 것이다. 먼 훗날의 후손들은 수만 년 된 계곡 위에 영광스럽게 서있는 그를 보게 될 것이다(27).

이 구절은 로저가 자기 딸과 루빈의 앞날을 그리며 "너의 아이들의 아이들이 네가 죽는 머리맡을 둘러싸고 서 있으라"(22)고 했던 축복을 연상시킨다. 남자의 평화로운 일생에 대한 언급은 루빈의 노정이 "여름 삼림 속 방랑자"의 신화에서와 같이 존경 받는 아버지의 세계로 나아가는 것을 암시하는 듯 하나 이런 남성의 이미지는 로저와 루빈에게는 해당되지 않는다. 제임스 맥킨토시(James McIntosh)는 로저와 루빈의 불행한 삶은 '개척지 신화가 갖는 환상이 거짓임을 보여주는 것이라고 한다(198). 호손은 이런 삶이 신화가 제시하는 환상일 뿐임을 거꾸로 보여준다. 한 소년이 성인으로 성장하게 되는 한가로운 비전과 루빈의 행로에는 평행선이 있는 듯하나 그 평행선은 기묘하게 뒤틀린 것이다. 그는 여름날 삼림 속을 행복하게 산책하는 것도 아니고 장래에 대해 원대한 꿈이 있는 것도 아니다. 사이러스가 죽게 됨에 따라 루빈을 신과 같은 존재로 불러줄 후손도 없다. 그의 가계는 사이러스의 죽음으로 끝이 난다. 결국 로저의 유골은 땅에 묻히게 되지만 가부장제에 대한 장엄한 꿈은 부서지고 결국 환상 속에서만 존재하는 것이다.

"백일몽의 열망"을 안고 정착지의 집을 떠나 "나무가 얽혀 있는 어두운 황야"(27)로 가는 루빈의 모습은 전형적인 미국인의 모습이다. 죄로 물든 곳을 떠나 처녀지의 다른 세상으로 가고자 하는 그의 꿈은 청교도들의 꿈이었으며 모든 미국인의 꿈이었다. 그러나 그들이 찾은 '다른 곳'

역시 과거와 단절된 곳이 아니라는 사실이 황야의 영웅에 대한 패러디를 통해 드러난다. 호손이 여기에서 보여주는 것은 마이클 컬라커시오의 지적대로 미국 문학이 개척지의 체험을 계속 잘못 규명한다는 것이다(125).

루빈은 마치 "몽유병자처럼" 로저를 떠났던 바로 5월 12일에 이끌리듯 그 자리로 돌아온다. 그들이 하루 묵기 위해 멈춘 장소가 18년 전 로저를 두고 떠났던 곳임을 알게 되자 그는 "초자연적 개입"으로 그렇게 되었다고 여긴다. 그는 신의 뜻으로 장인의 뼈를 묻기 위해 돌아오게 되었다고 생각하고 하늘이 죄를 씻을 수 있는 기회를 준 것이라고 생각한다.

> 그는 미리 생각했던 노정에서 떠나 이 깊은 곳까지 오게 만든 이상한 영향력에 대해 생각하고 있었다. 자신의 동기들이 감춰진 영혼의 비밀스런 장소를 뚫고 들어올 수 없어서, 초자연의 소리가 자기를 불렀다고, 초자연의 힘이 자기가 도주하는 것을 막았다고 그는 믿었다. 그는 자기 죄를 씻을 수 있는 기회를 준 것은 하늘의 뜻이라고 믿었다. 그는 오랫동안 매장되지 못한 유골들을 찾기를 바랬고, 그것들을 땅에 묻고 나면 무덤과 같은 그의 마음에 평화의 햇살이 비추기를 희망했다(29).

이런 생각에 빠져 있을 때 그는 수풀에서 나는 소리에 정신이 들어 움직이는 물체를 향해 총을 쏜다. 다음 순간 바로 그 곳이 로저 멜빈이 누워있던 바위라는 것을 알아차린다.

호손은 총소리 다음에 도커스가 "가족의 사랑과 가정의 행복"(30)에 관한 노래를 부르며 평화롭게 저녁 식사 준비를 하는 모습을 그림으로써 이 사건의 비극적 의미를 한층 더 고조시킨다. 아들이 사슴을 잡았을 거라는 도커스의 추측과 사슴이 갖는 순수하고 양순한 이미지와 아들의 죽음이 갖는 영상의 대비가 충격적이다. 도커스는 자랑스러운 어린 사냥꾼을 찾아 나선다. 그녀가 발견한 것은 사슴이 아니라 아들의 죽음이다. 그곳에서 루빈은 바로 이 자리가 당신 아버지의 무덤이라고 아내에게 고백한다.

이 이야기는 아브라함과 이삭의 이야기보다 더 가혹하다. 신은 아브라함에게 희생을 원한다고 말했으나 루빈에게는 어떤 이야기도 없었다. 뿐만 아니라 아브라함은 아들을 희생하지 않았다. 아버지의 유해를 묻어주지 못했던 자가 이제 자기 자식을 묻어야만 한다. 로저와 맹세할 때 손수건을 묶어놓았던 나무 끝이 죽은 것에 루빈이 의미를 부여하는 것은 자연이란 신의 의지를 나타내는 그림과 같다는 사고를 반영한다. 루빈은 자기 가족의 와해를 질서가 회복된 조짐으로 받아들인다. 그는 처음으로 가족과의 유대감을 느낀다. 로저를 두고 떠나온 이래 (아버지를 버리고 온 후) 그는 처음으로 눈물을 흘릴 수 있고 기도를 드릴 수 있다. 사냥을 나가기 전 루빈은 직접 기도드리지 못하고 아내에게 "우리 세 식구가 외로이 죽지 않도록, 쓸쓸한 숲에서 매장도 되지 않은 채 죽지 않도록 기도해 달라"(29)고 부탁했었다. 아들의 희생으로 루빈은 아내의 중재 없이 자신이 기도할 수 있는 힘과 평정을 회복한다.

> 그 때 루빈의 마음은 찢어졌고, 눈물이 바위에서 솟구치는 물처럼 흘렀다. 부상당한 젊은이가 했던 맹세를 황폐화된 어른이 되어 지키려고 왔다. 그의 죄는 사해졌고, 저주는 그에게서 사라졌다. 자기 것보다 더 귀한 피를 흘린 시각에, 오랜 세월이 흐른 뒤 처음으로 기도가 루

빈 본의 입술에서 나와 하늘로 올라갔다(32).

18년 만에 그는 로저와 신께 화해한 것이다.

루빈은 아버지 길을 벗어난 것 때문에 커다란 대가를 치른다. 아버지 잘못의 대가가 아들에게 내려졌다는 것은 구약적 징벌의 발상이라고 애그니스 맥닐 도노휴는 주장한다(180). 루빈의 세계에서는 세상과의 타협은 아버지의 믿음으로 돌아가는 것 외에 다른 선택이 없는 듯하다. 그러나 속죄는 쉽지 않다. 그가 속죄하는 데는 "자기보다 더 소중한" 아들의 죽음이 필요하다. 호손은 "루빈의 죄가 씻어 없어지고 저주는 사라졌다"(32)고 말하고 있으나 그의 의중에는 또 다른 의미가 있다. 루빈에게 내려진 저주가 사라졌다는 증거는 없지만 그는 가장 소중한 존재를 상실한 것은 분명하다. 그가 생각하는 구원은 살인을 통해 얻어진 것이다. 그가 속죄했다고 생각한 죄는 상상에서 비롯된 반면 진짜 살인에 대해서는 참회하지 않았다. 그는 아들의 죽음에는 관심 없는 것처럼 보인다. 자기의 탄원이 하늘로 올라갔다고 생각하는 것은 기만일 수 있다. 루빈의 눈물이 아들의 죽음 때문인지, 자기 죄에 대한 슬픔 때문인지는 분명치 않다. 작가는 로저를 떠났던 루빈의 행동에 대해 그랬던 것처럼 결말 부분에서도 모호한 태도를 취한다.

호손의 이런 태도는 '자연에 대한 관점'에서 잘 드러난다. 인간에게 자비로운 자연과 냉담한 자연의 대조는 로저와 루빈이 숲에 있을 때 분명하게 드러난다. 로저는 자연과 더 잘 어울리는 듯이 보인다. 신앙심이 깊은 그는 자연을 신의 의지를 드러내는 것으로 보기 때문이다. 그는 루빈에게 황야에서 죽는 것이 두렵지 않다고 말한다. 로저가 숲에 혼자 남앉을 때 "인간의 고통과 슬픔에 공감하듯이 우울한 표정을 띠운 것처럼 보이는"(23) 자연은 그를 동정하는 듯하다. 이는 자연에서 도덕적 의미를 읽을 수 있으며 신의 질서가 자연의 질서에 반영된다는 것을 암시한다. 안내하던 로저를 떠난 다음 루빈은 방향 감각을 잃고 길의 표시를 읽지 못한다.

루빈이 알고 있던 길을 쉽게 찾을 수 없었다는 사실은 신의 질서가 자연에 반영된다는 전제에 비추어보면 그가 신의 질서를 어겼기 때문에 벌을 받는 것으로 해석될 수 있다. 왜냐하면 자연은 그를 정착촌으로 빨리 돌아가도록 도와주지 않았기 때문이다. 만약에 우주에 그런 질서가 없다면 자연 현상에 대한 언급은 신학적으로 무의미하며 자연 현상의 암시는 인간에게 전달되지 않는다. 루빈은 처음에는 자연 현상의 의미를 무시하는 듯하다. 태양이 가려지는 것을 루빈은 자기가 로저를 두고 떠난 것에 대한 도덕적 판단을 하는 걸로 생각하지 않으나 이야기가 끝으로 갈수록 자연은 의인화된다.

> 어둡고 우울한 소나무들은 그들[루빈과 로저]을 내려다 보았다. 바람이 소나무 꼭대기를 스치고 지나갈 때 동정하는 소리가 숲에 들렸던가, 아니면 그 늙은 나무들은 인간들이 자기들의 뿌리에 드디어 도끼를 내리치기 위해 왔을 지도 모른다는 두려움에 신음했던가?(28)

인간을 자연이 동정한다면 나무 꼭대기를 스치는 바람은 이 작은 가족의 곤경에 대한 "연민의 신음소리"로 해석될 수 있다. 그러나 자연이 인간사에 무심하다면 호손이 자연을 의인화하는 것은 인물들이 갖는 공포감을 전달하는 수단일 뿐이다. 자연에서 신의 의지를 읽는 것은 인생에 질서가 있다는 것을, 신의 절대적 의미에 인간이 접근 가능하다는 것을 암시한다. 호손은 어떤 결론도 내리지 않고 우주 내에서의 자연과 인간 위치에 대한 대조적 관점을 보여줄 뿐이다. 사이러스의 죽음 위에 떨어지는 참나무 가지가 도덕적 의미를 갖는가? 인간사에 신이 개입한 것인가 아니면 우연인가? 신의 개입으로 해석하는 것은 죄의식에 사로잡힌 루빈의 마음을 드러내는가?

　루빈이 나뭇가지가 죽은 이유가 자기 죄 때문이라고 할 때 자연은 신의 의지를 전달하는 거울이라고 믿는 청교도적 견해를 그가 받아들인 셈이다. 결국 그는 아버지의 세계에 굴복한다. 그는 수 년 만에 기도를 드리나 하늘이 그 기도를 들었다는 증거는 없다. 이 숲에서 그는 자기 목숨은 보전하지만 로저를 두고 떠남으로 해서 얻은 모든 것을 상실하였다. 루빈 가족의 비극을 통해 호손은 종교적 질서와 인습이 인간에게 얼마나 강력한 영향력을 행사하는가, 그리고 거기에서 벗어나려는 개인에게 어떤 희생을 요구하는가를 보여준다. 그리고 그는 미국인들이 공통적으로 지니던 개척지에서의 새로운 삶의 가능성에 대한 낭만적인 미화의 허상을 그곳에서 붕괴되어버린 가족의 비극을 통해 들추어낸다.

3. 믿음의 상실 ─「젊은 굿맨 브라운」

　이 작품은 기존 권위로부터의 탈피와 자아 탐색을 다루는 세 편의 단편 가운데 가장 모호하고 우울한 작품이다.「몰리네 대령」은 주인공이 아버지 권위의 영향에서 헤어날 수 있다는 가능성을 암시하고「로저 맬빈의 매장」은 주인공이 기존 권위를 잠시 거역 한 다음 대안을 찾지 못해 결국 굴복하고 마는 이야기를 하고 있는데 이 단편은 주인공이 기존 세계에서 벗어나 자기 세계를 찾아 나서지만 그가 목격한 세계는 자기 자아가 투사된 어두운 심연일 뿐임을 보여준다. 주인공 브라운은 기존 세계에 대해 갖고 있던 모든 믿음을 잃어버리게 되나 기존 신앙을 받아들이지도, 거부하지도 못한 채 자기를 포함한 모든 것을 의심하는 불확실한 세계로 빠져들며 스스로 주위로부터 고립되어 버린다. 앞의 두 주인공들의 사적인 체험이 미국 역사와 긴밀히 연결되었던 것처럼 브라운의 탐색 여행 역시 미국의 운명을 암시하고 있다. 로버트 E. 모스버거(Robert E. Morsberger)의 지적처럼 "17세기 청교도 사회의 보통사람(Everyman)이라 할 수 있는 굿맨 브라운이 독립된 인간으로 나아가는 과정을 실패하는 것은 그가 상징하는 나라의 불행한 운명을 예고"(181)라고 할 수 있다. 그뿐 아니라 이 단편에서 호손은 과연 인간은 과거를 떨쳐버리고 자신 만의 권위와 질서로 살아갈 수 있는 존재인가, 자신과 타인에 대해 인간은 무엇을 확실하게 인식할 수 있는가 하는 의문을 던지며 깊은 회의를 표한다.

    브라운은 다른 주인공들과 마찬가지로 길을 떠난다.12) 그는 로빈 몰리네처럼 목적지에 저녁 무렵 도착한다. 이 단편은 「몰리네 대령」과 마찬가지로 주인공의 일생을 바꾸어놓을 하루 밤의 사건을 이야기하고 있으나 앞의 두 작품보다 훨씬 압축되어 있다. 자아가 완전히 표출되는 무의식 단계를 상징하는 저녁에 그는 자아 탐색 여행을 시작한다. 브라운

---

12) 많은 비평가들이 브라운의 여행 목적과 성격에 관해 논하고 있는데 그들 가운데서 Sheldon W. Leibman은 "하나는 그가 밤의 숲에서 자기 밖의 리얼리티를 대면하는 것이고 다른 하나는 내면으로 여행을 떠나는 것이다. 자연세계와의 체험은 인간 본성에 관한 체험이기도 하다"(161)고 브라운의 여행 목적을 이중으로 규명한다.

의 여행 역시 루빈의 여행처럼 원을 이루고 있으며 두 인물이 숲 속에서 겪은 사건의 충격을 일생 동안 벗어나지 못한다는 점에서 공통된다. 그러나 로빈의 인생입문이 특정한 개인 몰리네 대령이 반군들에게 치욕을 당하는 광경의 목격과 관련되어 있다면, 브라운이 하는 인생입문은 인간이 지니는 죄의 보편성에 대한 인식의 우화(parable)로서 폭넓게 보편화하고 있다고 데이비스 S. 레이놀즈는 지적한다(254). 길을 떠나기 전 브라운은 아내 페이스(Faith)에게 "내 여행은 저녁에서 시작해 해 뜨기 전에 끝내야 한다"(65)고 말한다. 그가 밤에 숲으로 가는 것은 무엇인가 불확실하고 안정되지 못했으며 방향감각이 상실되어 있음을 암시한다. 어두운 밤과 인적이 닿지 않는 숲은 미지의 세계이며 길을 잃어버릴 수 있는 곳이다. 동시에 그것은 이제까지 갖지 못했던 새로운 관점을 발견할 수 있는 가능성을 암시하기도 한다.

"오늘은 집에서 자고 여행을 다음 날로 미루라"(65)는 아내 페이스(Faith)의 말에 "결혼한 지 석 달밖에 되지 않았는데 벌써 나를 의심하느냐?"는 브라운의 힐책은 이 부부가 이 여행에 대해 어딘가 불안해하는 것을 엿보게 한다. 브라운이나 페이스는 자기들에게 안정감을 줄 수 있는 신의 이름을 부른다. 브라운은 "그런 일"로 아내를 떠나는 게 마음 상하나 이 시험 뒤에는 그녀를 떠나지 않을 것을 다짐한다. 그는 "이번 여행이 끝나면 아내에게 매달려 천국에 따라 가겠다"(65)고 다짐한다. 브라운은 아내와 자기 믿음이 어떤 경우에도 끝까지 남아 있으며 자기들을 보호해 줄 것을 확신한다. 이러한 브라운의 믿음은 그가 아직 미성년의 심리 상태를 지니고 있음을 보여준다. 로버트 E. 모스버거는 브라운의 이런 모습이 "마치 매춘이나 마약을 한번만 하고 그만두겠다고 했다가 그 체험에 경악하게 되거나 영원히 벗어나지 못하는 십대의 심리와 같다"(178)고 지적한다.

그런데 브라운은 왜 이 여행을 "악의 목적을 지닌 여행이라고 했을까? 그리고 그는 왜 이 여행을 생각했는가? 그의 문제는 성인이 되는 것, 그것의 뜻하는 바가 성의 진실을 두려워한 데서 온 것"(79)이라고 프레드릭 크루스(Frederick Crews)의 주장처럼 그의 문제는 성인이 되는 데 치러야 하는 성생활을 편하게 받아들이지 못하는 데서 비롯된 것이라고 짐작할 수도 있다. 결혼 전까지 그는 기존 신앙과 전통의 권위를 그대로 받아들이고 성인으로서 자신의 권위를 새로이 할 필요를 느끼지 못했을 것이다. 그러나 결혼으로 인해 그 자신이 아버지가 되어야 하고 아버지의 역할을 해야 하기 때문에 정체성의 위기감을 갖게 된 것이다. 독립된 성인이 되기 위해서 브라운은 성(sex)의 문제와 부딪쳐야만 한다. 그가 결혼 후 기존 질서에 회의가 일지 않았더라면 그가 마음 한 구석으로는 주저했던 숲 속 악마와 약속한 밤의 여행을 하지 않았을 것이다. 이 여행에는 애초부터 기존 질서에 대한 반항의 기미가 내재되어 있다고 보아진다. 브라운이 이 여행을 사악하다고 한 것은 그가 부모 세계를 벗어나려고 하며, 도덕과 종교적 전통에 절대적 확신을 지닐 수 없는 데에서 이것이 계획되었기 때문이다.

브라운을 숲의 의식으로 안내해 줄 사람은 악마를 연상시킨다.[13] 17세기 청교도 사회에서 권위에 대한 반항은 사악한 것으로 인식되었다.

---

[13] 대니엘 호프만(Daniel Hoffman)은 브라운이 참여하는 의식이 악마의식(Witches Sabbath)일 것이라고 주장한다(150). 이 단편에 등장하는 클로이스 부인(Goody Cloyse)과 코리 부인(Goody Cory)이 세일럼 마녀 사냥에서 처형당했다는 점은 이 이야기의 배경이 1692년 세일럼 마녀사냥(Salem Witch Hunt) 직전이라는 것을 짐작하게 해준다.

종교와 세속 질서가 동일시 되는 사회에서 사회 권위에 대한 저항은 바로 종교 교리에 대한 저항과 같았기 때문이다. 숲에서 만난 이 안내인이 악마적인 외모를 띤 것은 브라운이 무의식적으로 지니는 저항의 충동을 투사한 것으로 볼 수 있다. 그는 마음 한 편에서는 저항을 두려워하나 스스로의 권위를 찾기 위해 길을 떠나는 것이다. 그가 자기만의 질서를 정립하기 위해 하는 여행 안내자가 악마의 모습을 하고 있다는 것은 모든 이들의 사고방식이 신과 악마, 선과 악의 청교도적인 맥락 안에 있던 십칠 세기 당시의 청교도로서는 자연스러운 일이다.

　브라운과 같이 길을 가는 안내인, "장중하고 점잖은 옷차림의 악마는 브라운의 아버지를 연상케 하는 모습"(66)이다. 이 안내자와 브라운이 부자간처럼 보이는 것은 뒤에 만난 클로이스 부인이 그 악마를 "지금 이 친구[브라운]의 할아버지이며 내 옛 친구의 모습"이라고 한 말에서도 또 한 번 강조된다. 이 악마가 브라운의 조상들과 비슷해 보인다는 것은 브라운이 기존 권위에 저항한다 할지라도 그가 근본적으로 청교도 틀을 벗어나지 못한다는 것을 암시한다. 성장하기 위해 떠나는 여행에 안내자가 필요한 그는 자기가 아는 범주 내에서 안내자를 찾아낸 것이다. 이 안내자의 악마적인 외모가 브라운의 사고에 비추어 선의 세계 곧 낮의 세계를 상징하는 그의 부친 모습을 연상시킨다는 사실은 천국과 지옥, 신성과 악마의 원리가 따로 있는 것이 아니라 동일한 출발점을 갖는다는 것, 그리고 사람 마음에서는 이 두 세계가 분리된 것이 아니라 함께 뒤섞여 있음을 암시한다. 언뜻 보기에 이 인물이 브라운의 아버지처럼 보이는 것은 전혀 예상 밖의 일이 아니다. 이 악마의 당당한 외모는 그가 되고자 하는 그런 모습을 보여준다.

이 악마 같은 인물에게서 특별히 눈에 띄는 것은 살아있는 듯한 뱀 모양의 지팡이다. 악마의 상징물로 보이는 이 지팡이는 그가 하는 여행의 성격을 암시한다. 대니얼 호프만은 이 지팡이가 성적 지식을 의미하는 마술(witchcraft)의 상징이라고 주장한다(165).「몰리네 대령」의 로빈이 들고 다닌 몽둥이나 노인이 휘두른 지팡이와 연관 지어 볼 때 그것은 자주적인 힘을 나타내는 상징으로도 파악된다. 브라운은 성에 대한 성숙한 태도와 정신적인 독립을 얻기 위해 숲으로 가는 것이다.

악마가 속도를 내기 위해 브라운에게 이 지팡이를 붙잡으라고 하자 처음에 그는 거절한다. 브라운은 로빈처럼 집으로 돌아가고 싶어한다. 로빈의 안내인이 며칠 후에도 여전히 집에 가고 싶으면 갈 수 있도록 도와주겠다고 했던 것에 비해 브라운의 안내인은 "만약 브라운을 설득하지 못하면 돌려 보내주겠다"(67)고 한다. 브라운은 안내인에게 거부감을 느끼며 자신이 너무나 숲 속 깊이 들어 왔다고 생각하면서도 안내자를 따라 간다. 로빈이 양면 얼굴의 사나이에게 거부감을 느끼면서도 끌렸던 것처럼 그 역시 이 안내자에게 상반된 감정을 느낀다. 그는 무의식 중에 안내인을 따라 걷기 시작한다. 이 안내자의 위력과 안정된 질서의 틈바구니에서 그는 혼란에 빠진다.

그는 "우리 조상은 순교자의 날 이래로 정직한 사람들이었으며 선한 기독교도였어요. 우리는 기도와 선행을 한 사람들이고, 거기다가, 그런 사악한 것을 견디지를 못하는 사람들"(67)이라고 하며 조상들의 명성과 전통적 신앙으로 악마의 세력에 맞서며 이 인물에게서 벗어나고자 한다. 이에 그는 브라운의 조상들이 자기 힘을 빌려 썼다고 하여 그의 조상과 신앙에 대한 믿음을 차근차근 제거해버린다.

"난 자네 가족들을 청교도의 일원일 때부터 잘 알고 있었지. 이 말은 장난으로 하는 말이 아니야. 난 치안관이던 자네 할아버지가 세일럼 거리에서 퀘이커 여인을 채찍으로 호되게 때려 쫓을 때 도와주었지. 그리고 필립 왕의 전쟁 때 자네 아버지가 인디언 마을에 불을 지르도록 소나무 가지를 우리 집 난로에서 불을 붙여서 가져다 준 사람도 나일세. 그들은 둘 다 나의 좋은 친구들이지. 우리는 긴 이 길을 함께 즐겁게 많이 걸었고 자정이 지난 다음 즐겁게 돌아왔다네"(67).

계속해서 이 악마는 교회 장로들뿐 아니라 마을 관리들 역시 자기와 절친한 사이라는 점을 열거한다. 이 말에 브라운은 농부인 자기와 그들과는 아무런 관계가 없다고 반박한다. 이 안내자는 클로이스 부인이나 구킨 집사, 교회 목사 등과 같은 평소에 브라운이 존경하던 인물들이 숲 속 의식에 참여하러 가는 모습이나 목소리를 들려줌으로써 반신반의하는 브라운을 더욱 혼돈으로 몰아넣는다.14) 그렇지만 그는 "위에는 하늘, 아래에는 페이스가 있으므로 악마에게 굳건하게 대항하겠다"(70)고 기존의 세계에 대한 믿음을 다짐한다.

브라운이 이 안내인에게 저항을 완전히 포기한 것은 페이스의 목소리 같은 소리를 듣고 그녀를 찾아 헤매다가 나뭇가지에 걸려 펄럭이는, 헤어질 때 하고 있던 페이스의 분홍 리본을 본 다음부터이다. 그의 절망과 분노, 공포의 외침이 한 밤의 숲을 꿰뚫는다.

잠시 멍한 순간 뒤에 "나의 페이스가 사라졌어!"라고 소리쳤다. "이 세

---

14) 이 작품의 화자는 브라운이 봤다고 생각한 것에 대해 어떤 것도 명확하게 규명하지 않는다. 이 숲의 모임에 참가한 "forms," "figures"에 이름을 부여한 것은 화자가 아니라 바로 브라운이다.

상에는 선이 없어. 죄가 사실이야. 악마여 오라. 너에게 세상이 넘어갔다"(71).

브라운이 이 땅에는 페이스가 있으므로 악에 대항하겠다는 말에 이 사나이는 브라운에게 그녀의 리본을 보여준 것이다. 그 악마는 브라운이 페이스를 언급하기 전까지는 그녀에 대해 아무 말도 하지 않았다. 악마의 논리적 답변은 모두 브라운이 먼저 꺼냈던 말에 대한 것이다. 이는 이 존재가 브라운의 의식이 투영된 것처럼 이 대답 역시 그의 의식이 투사된 것으로 짐작하게 한다. 브라운의 삼단 논법과 이것 아니면 저것이라는 그의 정신 상태가 그의 운명을 결정한다. 그는 신이 인류에게 감정이 배제된 논리로 사람을 휘어잡는 악의 덫에 걸리지 않도록 믿음을 주었다는 사실을 깨닫지 못한다. 브라운은 지금까지 악마가 내미는 지팡이를 잡을 수 없었으나 기꺼이 그것을 잡는다.

그는 여태까지 믿고 있던 세계가 무너져버렸다는 절망에 미친 듯이 오랫동안 웃는다. 이 웃음은 로빈이 몰리네 대령의 몰락을 확인한 뒤 행렬에 가담한 자들의 광기 어린 웃음에 합세했던 웃음을 연상시킨다. 브라운의 폭발적인 광기는 '보편적 악의 가능성'에 대한 그의 두려움을 드러낸다. 지금까지 불완전하게나마 의존하고 있던 믿음이 완전히 사라졌을 때 브라운은 오직 자기만이 남게 된 것을 깨닫는다. 세속과 종교의 진리가 분리되지 않는 브라운에게 조상과 부인에 대한 믿음의 상실은 바로 모든 진리와 질서의 와해를 의미한다.

밤의 의식에서 브라운은 준비가 되었더라면 두 가지를 배울 가능성이 있다. 첫째 세상이란 선과 악, 빛과 어둠으로 분리된 것이 아니고 이 두 가지가 한데 어우러져 있다는 점이다. 리타 골린(Rita Gollin)은 세상에 악이 존재하는 것을 목격한 뒤 부분적인 지식을 절대 진리로 혼동한 것이 브라운의 실수라고 지적한다(123). 둘째, 인간은 다른 인간에 비해 열등하지도 우월하지도 않다는 점이다. 위의 두 가지 사실은 밤에 행해지는 의식에서 나타난다. 이 의식은 기독교 세례 의식, 영성체, 그리고 결혼 의식이 혼합되어 있다. 숲의 제단에서 행하는 이 의식은 선인 뿐 아니라 죄인들까지 모두 포용한다. 마치 「몰리네 대령」의 행렬에 모든 계층의 사람들이 섞여있던 것처럼 민주주의적인 의식이다.

> 불충스럽게도 근엄하고 평판 좋고, 경건한 사람들, 교회의 장로들, 순결한 부인들과 이슬 같은 처녀들과 섞여서, 방종한 삶을 산 남자들과 오명이 있는 여자들, 모든 비열함과 더러운 악을 저지르고 끔직한 죄를 저질렀다고 의심받는 쓰레기 같은 인간들이 함께 있었다. 선한 사람들이 악한 사람들로부터 뒷걸음질 치지 않는 게 이상했고 죄인들이 성인들에게 굴욕을 당하지 않는 걸 보는 것도 이상했다. 백인들 사이에 인디언 사제나 영국 마술에 알려진 어떤 기이한 주술보다 더 괴이한 주술로 그들이 사는 숲을 종종 놀라게 했던 인디언 주술사들도 흩어져 있었다(72).

여기 숲의 의식에 참석한 이들 사이에는 어떠한 거리낌도 없다. 이 의식의 저변에 깔린 민주주의적 동포애는 브라운의 믿음과 가치를 흔들어 놓는다. 그는 지금까지 누구건 간에 자기를 이끌어 줄 수 있는 자신보다 우월한 자를 찾았다. "뉴잉글랜드 목사와 옷차림과 태도가 비슷한"(73) 이 의식을 주재하는 이는 분명 브라운을 이곳까지 데리고 왔던 인물이다. 여기서 불리는 노래가 찬송가처럼 들리듯이 의식을 주재하는 자도 목사처럼 보인다. 그는 브라운과 페이스를 새로운 믿음의 근거 위에 결합시키려고 한다. 그는 이들 부부에게 그들이 존경해온 사람들의 숨겨진 죄를 알아차리는 힘을 부여한다. 그는 이러한 죄를 깨닫는 것은 "그들의 본성과 운명을 아는 것"(73)이라고 가르친다. 군중의 다양한 면모를 보여준다는 점에서 그의 설교는 브라운에게 새로운 세계를 보게 한다.

> 검게 보이는 인물(sable form) 말을 이었다. "저기 너희들이 어렸을 때부터 존경해왔던 사람들이 모두 있다. 너희들은 그들을 너희 자신들보다 성스럽다고 생각할 것이고, 올바르고 하늘을 향한 기도로 가득 찬 그들의 생활과 비교하면서 너 자신의 죄로 인해 그들에게서 뒷걸음칠 것이다. 오늘 밤 너희들은 그들의 비밀스런 행동을 알도록 허락 받을 것이다"(73).

그 인물은 도덕적으로 훨씬 훌륭하다고 생각되던 사람들이 "간통을 저지른 자들이며, 배우자를 살해했고 사생아를 낳아 몰래 죽인 사람들"(73)이라는 것을 알려준다. 이 의식은 브라운에게 "모든 계층의, 어떤 자질을 가진 자라도 악을 저지를 수 있는 가능성이 있음을 보여줌으로써 선과 악의 구분을 무너뜨린다"(254)고 데이비스 S. 레이놀즈(Davis S. Reynolds)는 갈파한다. 기존 질서의식으로부터 자유로울 수 있다는 사실과 거기에서 비롯되는 불확실한 미래는 브라운에게 충격적인 체험이다. 성인은 누군가에게 매달려 구원 받겠다는 생각은 버려야 하며 자기 행동에 스스로 책임을 져야 한다는 것을, 그리고 성인이 되는 것은 인간의 이면을 수용해야 한다는 사실을 이 의식이 브라운에게 보여준 것이다.

모든 사람의 가슴에 있는 죄의 깊은 신비를, 모두 사악한 술책의 원천을 꿰뚫어보는 것이 너희의 것이 될 것이다. 그 죄는 끊임없이 인간적 힘이, 최대한의 내 힘이 행동으로 드러낼 수 있는 것보다, 더 한 악의 충동을 드러낸다(74).

그러나 브라운은 육체적 쾌락을 추구하는 인간 본성도 "죄의 보편성도, 죄에 대해 인간 심성이 갖는 연민"도 인정하려고 하지 않으며 그리고 거기서 오는 자유와 책임을 수용하려고도 하지 않는다. 대신 그는 선과 악으로 대별되는 세계가 존재한다는 희망, 그러한 세계의 질서가 그의 삶을 안정시키는 힘이 된다는 희망에 여전히 매달린다. 그는 물로 세례를 받기 직전 부인 페이스에게 "하늘을 우러러, 악한 자에게 저항하라"(74)고 소리친다. 숲의 의식의 절정을 이루는 순간에 그는 몸을 사린다. 이는 그가 사랑이나 믿음의 세계에 참여할 수 없듯이 죄의 세계에도 참여할 수 없음을 암시한다. 이 숲 속 의식에 참여하는 것은 바로 죄로 얼룩진 인류를 인정하고 받아들인다는 뜻이기 때문이다. 악의 세례에서도 몸을 움츠려버린 그에게는 절망 이외에는 아무 것도 남아있지 않다. 그는 페이스가 자기 말을 따랐는지 않았는지 확인할 수 없다. 숲의 시련에서 깨어났을 때 그는 불확실한 의심 속에서 여생을 살아야 할 운명을 지닌 자기 혼자 숲 속에 남아있음을 깨닫는다.

결국 이 같은 불확실함과 그에 따른 절망이 브라운이 파멸하는 원인이 된다. 브라운은 그가 숲에서 목격한 것이 환상이라고 거부하고 의식적으로 믿는 아버지의 세계를 고집할 수가 있다. 아니면 예전에 그가 고집하던 세계를 버리고 인간의 불완전함을 인정함으로써 있는 그대로의 인간을 받아들이는 성숙한 어른이 될 수도 있다. 그러나 그는 숲에서 겪은 일을 명확하게 파악할 수 없다. 그러나 그 체험이 너무도 생생하고 끔찍하게 보였기 때문에 꿈을 꾼 것으로 무시해버릴 수도 없다. 그는 자신을 포함해 인간들이 선한 존재인지 악한 존재인지를 판단할 수 없다.

　브라운은 그에게 제시된 모든 선택권을 거부하지만 그것을 대체할 어떠한 것도 찾지 못한다. 그런 점에서 그의 여행은 로빈의 여정과 비슷하다. 그러나 그가 참여하는 의식은 기독교 의식, 「오월주」의 이교적 낙원에 대한 우울한 패러디이다. 「반점」("The Birthmark")의 에일머(Aylmer)처럼 완벽하지 않으면 만족하지 못하는 그는 원죄와 성적인 쾌락을 추구하는 육체를 지닌 아내를 인정하지 못한다. 그래서 그는 생의 진짜 모습, 원죄를 안고 있는 인간이라는 불완전한 존재를 받아들일 수가 없는 것이다. 브라운은 숲의 의식이 암시한 의미를 수용하지 못해 모든 이들과의 모든 관계를 끊는다. 그는 "엄격하고, 슬프, 어두운 명상에 잠긴, 절망적은 아닐지라도 아무 것도 믿지 않는 사람"(75)이 되어버린 것이다. 그러나 그는 믿을 수도 없는 교회에 여전히 다님으로써 겉으로는 교회 의식에 순응한다. 그러면서 이미 믿지 못하는 법을 지키는 자신을 증오한다. 자신이 의존하던 기존 권위를 거부하면서도 스스로 권위를 세우지 못할 때 그는 외롭고 절망적이 된다. 아내 페이스에게서도 멀어지고 가족들의 기도에도 참여하지 않는다. 그는 많은 자손들을 남길 정도로 오래 살았으나 그의 묘비에는 아무 것도 쓰여 있지 않다. "그가 죽는 순간이 우울했기 때문이다"(75). 자식은 번성했으나 그의 신앙은 그렇지 못했다.

　이 장에서 분석한 세 명의 자아 탐색자 중에서 브라운이 가장 자신을 저주하는 인물이라 할 수 있다. 로빈은 새로운 세력에 참여 가능성이 있으며, 루빈은 자기기만이라 할지라도 속죄 했다고 생각할 수 있지만 브라운에게는 그런 가능성이 전혀 없다. 로빈과 루빈이 질서가 명확한 세계에서 불확실한 세계로 나아가는 과정인데 반해, 브라운은 회의와 의심으로 가득 찬 세계로 이미 들어서 버린 것이다. 이들 세 주인공들은 청교도 사회를 위협하는 이단자와 마귀들을 축출하는 데 성공한 청교도들의 "다음 세대는 조상의 우울한 에너지가 만든 법 아래에서 하늘처럼 자유스럽게 자라나질 못하며 청교도 조상이 물려준 바람직하지 못한 영향을 완전히 떨치지 못한"(*Tales* 221) 모습을 보여준다.

    기존 사회 질서에 회의를 느끼며 자기 고유의 정체성을 설정하고자 하면서도 모든 사람이 동등하고, 선과 악으로 대별되는 세계가 아닌 이 두 개가 함께 섞여 있는 새로운 세계를 받아들일 수 없는, 그러나 아무 대안도 없는 브라운이라는 한 인간의 불행한 삶을 통해 호손은 모든 것이 뒤섞여 변화되는 민주 사회에 선뜻 참여하지 못하는 자신의 사적인 문제를 짚고 있다. 그러면서 동시에 그는 인간의 어두운 면을 인정하지 못하며 모든 인간을 위선자라고 느끼면서도 그들과 완전히 끊고 살 수 없는, 사회의 흐름에 동조하지 않으면서도 거기에 맞추어 살지 않으면 안 되는 인간의 본질적인 딜레마를 함께 성찰하고 있다.

제4장

새로운 질서의 모색

 앞 장의 작품들이 종교가 제공하는 권위와 질서에 반항을 시도했으나 그것을 대체할 수 있는 질서를 세우지 못해 좌절하는 인물들을 그리고 있는데, 이 장의 세 단편은 계몽주의와 함께 발달되기 시작한 실증과학을 기존 권위를 대체하는 새로운 질서로 받아들이면서 비롯되는 문제를 다루고 있다. 전통 권위에 대한 믿음을 상실한 후 스스로의 권위와 질서를 탐색해가는 인물들은 과학이 보여주는 비전으로 새 질서를 만들어가고자 한다. 과학의 세계는 어떠한 성스러운 진리나 당위의 권위를 인정하지 않으며, 모든 것이 실증적으로 증명되어야 했는데 이는 새로운 것을 원하는 인간들에게 전통 질서와 권위를 거부할 수 있는 근거를 제공하였다. 앞 장 인물들이 제도적인 권위를 행사하는 데서 자기 위치를 규명하고자 했다면, 종교라는 제도적 권위에 회의적인 과학자들은 사회적이고 존재론적인 한계를 벗어나기 위해 실증적 지식을 사용한다.

종교적 권위의 대안으로 수용되었던 과학은 잭슨 시대의 진보관과 개혁 운동에 부합되어 구체적이고 강력한 위력을 행사하였다. 당대의 많은 사람들은 "이 새로운 힘으로 인류는 처음으로 풍요의 꿈을 실현시킬 수가 있다"(Marx 197)고 믿었다. 그러나 호손은 종교적 질서보다 더 구체적이고 실질적인 과학의 위력이, 많은 이들의 생각대로 인간 존재의 자율성을 구현하는 데 도움이 되기보다는 인간의 통제를 벗어나게 되어 치명적인 영향을 끼칠 수 있는 가능성을 간파했었다. 감각적 인지와 실험을 근간으로 하는 과학은 인간을 소우주 같은 존재에서, 관찰 대상이라는 객체로 전락시켰다. 과학자를 다루는 일련의 작품들이 보여주는 고통스러운 고립과 희생은 호손이 과학을 긍정적인 힘으로 환영하기보다는 잠재적 위험으로 받아들였음을 짐작하게 한다.

호손은 과학의 무서운 위력을 분명히 인식하고 있었다. 그는 과학자의 위력이 몰리네 대령이나 로저 맬빈 그리고 브라운이 만난 숲의 악마 같은 인물이 지니는 힘보다 강하고 구체적인 것임을 알고 있었다. 이 장에서 논하는 호손의 과학자들, 즉 「반점」("The Birthmark")의 에일머나 「라파치니 박사의 딸」("Rappaccini's Daughter")의 라파치니 박사는 인간 존재를 물질의 관찰을 통해 만든 법칙으로 파악하고자 한다. 그들은 미신적 가치를 근절하는 데 실증적인 척도를 사용하며 주변 세계를 감각적 인지로 파악된 가치로 해석한다. 그러나 감각적 인식과 객관적 정보만을 요구하는 과학은 삶의 총체적인 면을 인식하는 데 충분치 않다. 또 다른 한편으로 이들 과학자들은 실증적 자료를 통해 답을 얻으려 하나 그들의 인식 태도는 과학자의 객관적 태도가 아니라 마치 예술가처럼 주관적이고 개인적이다. 그들 사고 내에 존재하는 정신적 영역과 물질적 영역, 신학적 사고와 과학적 사고의 혼란과 갈등은 호손의 과학 비판의 초점을 이룬다. 이 세계를 실증적으로 관찰하면서 결과를 주관적으로 해석하는 과학자의 모순된 태도는 사실 과학 그 자체로부터의 일탈이면서, 도덕적 명징성의 결여이다. 이 과학자들은 실증과학자라기보다는 자아 중심적 주관주의자이며, 이 단편들이 보여주는 것은 자아 중심적 인간이 갖는 잠재적 위험이다.

인간 본래의 한계를 극복하고 외부 권위나 질서의 개입 없이 자기만의 완벽한 세계를 창조하려고 하면서 과학자들은 다른 인간들을 수단으로 사용함으로써 그들을 관찰 대상으로 전락시켜 종국에는 희생시킨다. 그러는 과정에서 과학자들 역시 소외를 겪게 되고 자기에게 가장 소중한 사람을 잃는 대가를 치르게 된다. 종교가 인간의 생을 개념으로 추상화하여 삶이 지니는 다양한 구체적 요구를 왜곡시킨다면 과학은 인간을 대상으로, 하나의 문제로 받아들여 인간과 인간을 타산적인 관계로 맺게 하며 유대를 와해시킴으로써 인간을 소외시키게 된다.

1. 실존 한계의 도전 — 「반점」

「반점」의 주인공 에일머는 과학이 마술(magic)의 덫으로부터 완전히 벗어나지는 않았으나 과학 발전이 성직자가 지금까지 지니던 역사적 기능을 박탈하고 과학자 자신을 신과 같은 힘을 가진 존재로, 과학의 발견을 "기적의 영역으로 가는 활짝 열린 길"(118)이라고 여겼던 시대의 과학자이다. 그는 감각적 인지와 물질의 실증적 실험으로 "창조력의 비밀"(118)과 완벽함을 얻을 수 있다고 생각한다. 이러한 에일머의 태도는 그가 종교적 권위에 회의적이면서도, 자연 연구를 통해 우주의 신비에 다가가는 보편 법칙을 발견할 수 있다고 믿었던 연금술적인 사고방식이 그에게 남아있는 것을 보여준다.

    그는 실증적 연구의 물리적 결과에 만족하지 않고 물질의 영역을 넘어 정신적으로 해석한다. 궁극적으로 그는 세계를 과학적 관점이 아니라 자신의 주관적 비전으로 본다. 에일머는 비금속을 금으로 변화시키려는 게 아니라 영혼의 완벽함을 추구하는 점에서 연금사와 같은 태도를 지니고 있다. 역사상 유명한 연금술사 아그리파(Agrippa)의 말대로 만약 인간이 신의 이미지대로 창조되었다면 우주의 영은 어디에나 존재하며 인간은 신성(divinity)에 다가갈 수 있을 것이다. (에일머의 서재에는 아그리파의 책이 있다.) 근대 과학자들도 자연을 변화시키려는 점에서는 연금술사와 통하지만, 신의 질서가 존재하는지 또 신의 비밀을 알아낼 수 있는지에 대한 문제는 그들의 관심 밖이다. 왜냐하면 실증주의 과학자들은 감각으로 얻은 정보가 중요할 뿐이지 연금술사들이 궁극적으로 추구하는 자연 세계를 다스리는 신의 법칙에는 관심이 없기 때문이다. 연금술사들은 우주가 조화롭고 질서가 있다고 생각하나 근대 과학자들에게는 물리적 현상에 대한 법칙을 끌어내는 실험의 연속만이 있을 뿐이다.

    에일머의 문제는 실증적인 실험 결과를 받아들이는 것으로 그치지 않고 자연의 보편적 질서, 생성의 원리를 손에 넣어 인간 한계의 극복을 위해 이용하는 데 있다. 에일머는 실증 과학의 위력으로 자연 원리를 파악하여 인간의 제약을 뛰어넘으려는 것이다. 언뜻 보기에 그의 정신은 기독교적 질서를 구하는 듯 하지만 기독교가 인간의 원초적 타락과 생의 불완전함을 근거로 출발하여 그것을 포용하는 사랑을 궁극의 목적으로 하는 데 대해 에일머는 호손의 다른 과학자들과 마찬가지로 지식을 통해 완벽함을 성취하고자 하며 자기 목적을 위해 타인을 지배할 힘을 추구한다. 그는 자기 힘으로 인간이라는 불완전한 존재를 완벽하게 만들 수 있다고 생각하는 것이다. 이러한 그의 생각은 윌리엄 비시 스타인(William Bysshe Stein)이 말했던 바대로 자신들이 무한한 물질의 진보를 보장하는 불가능이 없는 새로운 세계의 문턱에 와 있다고 믿었던 호손 당대인들의 과학에 대한 믿음을 반영하고 있다(91).

이 이야기는 "자연에 대한 인간의 궁극적 지배"(118)에 몰두하던 에일머가 지금까지 체험하지 못한 "정신적 친교"를 위해 실험실을 떠나 조지아나(Georgiana)와 결혼한 직후부터 시작된다. 그는 여태까지의 실험에서 원하는 결과를 얻지 못해 다른 정신적 존재와 감정적인 교류가 필요했던 것이다. 에일머와 조지아나와의 결혼은 지성과 감성의 결합이라는 의미를 지닌다. 에일머는 아내와의 정신적 친교로 실증과학에서 얻지 못했던 정신적인 힘을 얻고자 한다. 이런 모습은 그가 실험을 마치고 왔을 때 아내가 불러주는 노래로 "영혼의 갈증을 해소한" 뒤 "소년 같은 활력"(127)을 되찾아 실험실로 돌아가는 데서 잘 드러난다.

과학으로 인간 본래의 불완전함을 극복할 수 있다고 믿는 에일머가 왼쪽 뺨에 있는 손 모양의 작은 붉은 반점 외에는 완벽하게 아름다운 조지아나와 결혼한 뒤 이 반점의 제거에 집착하는 것은 이해할 만하다. 그는 자연의 손이 아내에게 "인간의 유해함, 불완전함의 자국을 남겨놓았다"(119)고 생각한다. 그는 그 반점을 제거하여 그녀를 보다 완벽한 존재로 만들 수 있다는, 인간을 자연의 손아귀에서 벗어나게 할 수 있다는 자기 신념을 증명하고자 한다. 마치 「라파치니 박사의 딸」의 지오바니(Giovanni)가 비어트리스(Beatrice)의 존재 의미를 오직 그녀의 육체에만 국한시키듯이 에일머는 조지아나라는 인간을 작은 반점으로 축소시킨다. 그는 「아름다움의 예술가」("The Artist of the Beautiful")의 오원 월런드(Owen Warland)처럼 여성을 완벽함을 성취하는 수단으로 간주한다. 예술가가 자신의 창작품을 완벽하게 창조할 수 있다고 생각하는 것처럼 그는 아내를 일점 흠이 없는 존재로 변화시킬 수 있다고 여긴다. 자신을 고대 그리스 조각가 피그맬리언(Pygmalion)과 비교하는 것은 그가 아내를 자기가 창조한 조각 같은 존재로 여기고 있음을 암시한다. 그러나 여기에서 그가 간과한 점은 그의 아내는 조각품이 아니라 살아 숨쉬는 영혼이 있는 존재라는 점이다. 그가 실증적 실험의 결과에는 정신적 의미를 부여하려 하면서 아내의 육체적 완벽만을 염두에 둔 채 그녀의 정신적인 면에 무관심한 것은 아이러니컬하다. 그는 조지아나를 하나의 매개체로 하여 신처럼 존재의 중심이 되고자 한다. 아내란 그에게 힘과 자아를 쟁취하게 해주는 대상이며 수단이다. 이것이 에일머가 그녀와 결혼한 가장 큰 이유일 것이다.

에일머가 아내를 인식하는 유일한 초점이 된 반점은 그녀 안색의 변화에 따라, 보는 이에 따라 의미가 달라진다. 그녀의 추종자들은 그것을 "그녀가 아기였을 때 요정이 뺨에 작은 손으로 키스한 것"이라 하고 그녀의 미모를 질투하는 여자들은 손 모양의 점을 "피 묻은 손"이라고 한다. 보는 사람에 따라서 이 점의 의미가 다른 것은 반점에 대한 에일머의 생각 역시 그것에 관한 다양한 의견 가운데 하나일 뿐이며, 또 다른 한편으로는 리얼리티를 파악하는 인간 인식에는 한계가 있음을 드러낸다. 에일머는 끊임없이 변화하는 반점의 양상을 완전히 파악하지 못한다. 그가 의존하는 과학은 "조지아나의 마음속에서 솟아나는 모든 감정의 맥박"(120)에 따라 변하는 반점의 정체에 대해 객관적인 규명을 할 수 없다.

에일머는 이 반점에 대해 실증적이며 객관적으로 설명할 수 없기 때문에 주관에 의존하게 된다. 이미 언급했다시피 아내의 반점을 "자연이 남긴 오점"으로 생각하는 것은 에일머의 상상이다.

> 그것은 인간성의 치명적인 약점이었다. 그것은 신의 피조물들이 찰라적이고 유한하다는 것을 의미하기 위해 혹은 인간들의 완벽함은 반드시 노력과 고통으로 이루어져야 하는 것을 의미하기 위해 이런 저런 모양으로 신이 자기의 피조물에 지울 수 없이 찍어놓은 인장이었다. 붉은 손은 떼어낼 수 없는 신의 손아귀를 보여주었다. 그 안에서 죽음이 지상의 것 가운데 가장 지고하고 순수한 것을 틀어쥐고, 고결하고 순수한 형상이 가장 천하고 바로 짐승 같은 것처럼 흙으로 돌아가는 것이다. 이런 식으로 그 반점을 아내의 죄와 슬픔, 타락과 죽음에 빠져들어가기 쉬운 속성의 상징으로 선택한 에일머의 상상력은 조지아나의 미모가 그에게 즐거움을 주었던 것보다는 괴로움과 공포를 야기시켜서 그 반점을 끔직한 대상으로 변화시키는데 오래 걸리지 않았다 (120).

인간의 실존적 딜레마, 유한함과 같은 그 자신이 골몰한 문제가 그에게 이 반점을 "죄, 슬픔, 타락, 죽음"의 상징이 되도록 한 것이다. 쥬디스 페틸리(Judith Fetterley)는 이 이야기는 여성을 남성의 문제를 반영하는 거울같은 존재로 간주하는 고전적인 보기라고 지적한다.

호손의 작품은 조지아나에 대한 그의 반응이 그녀가 나타내는 지적이고 영적인 문제에 관한 객관적인 관심이라는 에일머의 믿음에도 불구하고, 여성을 거울로 보는 고전적인 예이다. 그녀에 대한 그의 반응이 아주 주관적인 것은 분명하다. 에일머는 조지아나의 존재를 자신에 대한 모욕이며 위협으로 본다. 그것은 물론 그녀에게서 그가 참을 수 없는 자기 일부를 보기 때문이다(265).

조지아나 역시 자신에 대한 남편의 상상과 혐오감을 이겨내지 못한다. 그녀는 증오의 대상을 제거해 달라고 남편에게 부탁한다. "어떤 위험을 무릅쓰더라도 이 반점을 제거해 달라"고 하며 "이 점을 제거하지 못하면 차라리 내 목숨을 가져가라"(121)는 그녀의 호소는 인간이 다른 인간에게 객체로 전락되면서 겪는 모욕감과 고통을 보여준다. 그 점의 제거가 어려운 일임을 직감적으로 알면서도 에일머는 "자신의 힘을 의심하지 말라"(122)며 자연이 불완전하게 남겨놓은 것을 자신이 고치겠다고 장담하며 권위를 세운다. 사람이 "깨어 있을 때 정직하게 인정 못했던 문제에 보다 직접적으로 이야기하는"(121) 꿈은 "손 모양의 반점이 아내의 심장을 움켜쥐고 있는 것"을 그에게 보여줌으로써 아내의 반점은 제거될 수 없는 것이고 아내의 생명과 직결되어 있음이 그가 무의식적으로 인식하고 있다는 것을 드러낸다. 그러나 에일머는 포기하지 않고 자기가 "그 반점을 잘라 비틀어서 없애는"(121) 폭력적인 방법을 취하게 되리라는 것도 예견한다. 그는 "자기 평화를 위해서" 그리고 자신의 목표 즉 자연이 인간에게 부여한 한계를 넘어서기 위해 아내의 반점이 갖는 본질적인 의미 즉 육체와 정신을 이어주는 불가피한 불완전함을 거부하고 지성과 과학의 위력으로 자연 질서를 뒤엎고자 한다.

조지아나의 반점은 에일머에게 "거의 잊혀졌던 창조의 비밀에 관한 연구"(122)를 돌아보게 하고 그 작업을 다시 시작하게 만드는 동기를 제공한다. 그는 "자연의 비밀을 탐색하는 인간들이 실패한다"(122)는 사실을 인정했던 자신의 무력함을 받아들이고 싶지 않은 것이다. 그는 불완전함을 인간 존재에 필수불가결한 것이 아니라 처리할 수 있는 하나의 현상으로 간주한다.

그는 반점 제거를 위한 실험을 준비하는 동안 아내의 불안을 덜어주고, 그리고 자신이 유능한 과학자라는 것을 보여주고자 그녀에게 여러 가지 시각적인 환상을 보여준다. 이런 장면들은 "원래의 것보다 더 매력적으로 보여서" 조지아나는 "남편이 영적 세계를 소유한 것"(124)으로 믿게 된다. 그러나 그것은 그녀의 시각적 착각일 뿐 실제로는 어느 것 하나 성공한 적이 없다. 마지막으로 그가 찍어주는 사진에는 그녀의 반점만이 부각되었을 뿐, 나머지는 흐릿하다. 이는 그에게 아내 영혼의 아름다움은 흐릿하게 보이며 아내를 오직 "육체적 오점"만으로 인식한다는 것을 암시한다. 에일머는 계속되는 실패를 재빨리 잊어버린다. 그에게는 실증과학이란 단지 그가 원하는 것을 얻기 위한 수단일 뿐 절대적인 의미를 지닌 것이 아니기 때문이다. 주위와 차단시켜 놓은 "조지아나의 감각적 변화"를 살피는 과정은 객체화된 조지아나가 에일머의 실험 대상으로 간주되는 것을 보여준다. 실험의 마지막 단계에서 그는 그녀가 보여주는 물리적 반응에 몰두하게 되고 아내에게 줄 시약을 만드는 데 조수 아미내댑(Aminadab)의 힘을 빌린다.

조수 아미내댑은 에일머의 육체적 위력을 보완한다. 에일머의 아이디어를 실행에 옮기는 아미내댑은 정신적인 문제에 대해서는 관심이 없다. 에일머의 수족과 같으며 심리적으로 그의 분신(alter-ego)을 상징하는 그는 에일머와는 달리 조지아나를 있는 그대로 받아들인다. "그녀가 자기 부인이라면 그 반점을 떼어내지 않을 텐데"(123)라고 중얼거리는 그의 모습은 에일머와는 정반대의 입장을 보여준다. 그는 물리적 현상에 정신적 의미를 투사시키지 않는다. 이런 아미내댑과 에일머는 실험실 작업에서 잘 맞아 들어간다. 호손은 아미내댑을 통해서 절망적으로 자기 자아와 유리된 에일머를 보여준다. 아내가 그에게 인간의 유한함, 실존적 딜레마를 상기시켜주는 상징이라면 조수는 에일머와 분리되어 버린 육체적, 성적 자아와 그가 인정하지 않는 조악하고 물질적인 면을 표상한다. 에일머는 자신이 객관적이고 지적이며 과학적이라고 생각하나 쥬디스 페털리의 지적대로 조수 아미내댑 없이는 아이디어를 실행하지 못하는 불완전한 인간이다(265).

그의 정신적인 분열과 혼돈은 그의 실험 일지와 서재를 통해 더욱 분명히 드러난다. 그의 실험일지는 거의 모든 실험들이 실패했음을 보여준다. 극히 주관적인 비전을 지닌 그가 물리적 현상을 자기만의 방식으로 해석하기 때문에 과학자로서 실패한 것이다. 그는 아내에게 "점의 제거 작업은 실패하지 않을 것"(129)이라고 하지만 그 실험은 실패할 수밖에 없다. 그의 서재에 있는 연금술에 대한 방대한 양의 서적들로 보아 그가 연금술에 대해 지대한 관심이 있다는 것을 알 수 있다. 물질 세계에서 정신의 의미를 구하려 한다는 점에서 그가 연금술사적인 태도를 지닌다는 점을 앞서 얘기한 바 있다. 연금술사들이 과학자이면서 예술가의 역할을 수행하려 한다는 점에서, 그리고 자연 연구를 통해 자연을 정복할 수 있다고 믿는 점에서 에일머와 유사하다. "마술사의 책"이라고 스스로 명한 일지는 그의 실험들이 육체적 안전뿐 아니라 정신적 평안에도 위험하다는 사실을 보여준다. "야심차고, 상상으로 가득 차 있으면서도 실질적이고 고된 생활의 역사"(126)라는 그 일지는 이 과학자가 근본적으로 실증과학이 제공하는 비낭만적인 물리적 비전에 만족하지 못하다는 사실을 보여준다.

정신이 사물의 질서 속에서 의미를 지니지 못할 때 그는 더 높은 것, 천상의 것을 향하게 된다. 이 앞 장에서 기존 세계에서 정신적 안정을 구하려는 인물들의 방황과 좌절을 보았다면 이 장에서 우리는 종교적 사고를 대체하는 새로운 체제의 사회적 정신적 의미를 살피게 된다. 과학의 냉정한 사실들이 종교를 대체하는 새로운 체제가 될 수 있는가? 에일머는 이 새로운 체제가 인간을 더욱 고립시키며 삶을 무의미하게 만든다는 점을 인식하고 절망에 빠진다. 그 결과 그것을 넘어서는 비전을 찾으려 하지만 그것은 자신만의 극히 사적인 신화로 그치고 만다. 그러나 그 결과는 혹독하다. 그는 자기의 신화를 다른 사람에게 강요하지만 인간이 타인에게 자기만의 사적 의미를 강요 한다면 그에게 남는 것은 실패 아니면 속임수일 뿐이다.

남편의 일지를 읽은 조지아나는 남편의 예술적인 열정이 과학자로서의 능력보다 앞선다는 사실을 깨닫고 과학자로서의 능력에 대한 신뢰를 잃는다. 그녀는 자기가 남편의 자기기만의 제물이 된 것을 깨닫지만 남편의 고상하고 이상주의적 비전 때문에 더욱 더 그를 숭배하게 된다. 이런 태도는 그녀가 단순히 남편의 무한한 욕망에 일방적으로 희생되기보다는 남편의 비전에 동조하면서 희생되는 사람, 새로운 질서로 각광받는 과학이라는 새로운 비전이 제시하는 환상, 즉 인간이 타고난 제약을 넘어서는 힘을 지닐 수 있다는 희망 속에서 역설적으로 그 힘에 희생당하는 사람들을 표상한다.

에일머는 타인을 교묘히 조작하여 희생시키는 권위주의적 과학자이다. 아내를 경시하는 그의 사고는 그녀가 몸에 나타난 이상 현상을 알리기 위해 실험실로 들어왔을 때 생생하게 표출된다. 아내에게 치명적인 시약이 증류되는 순간 실험실에 들어온 그녀에게 그는 불같이 화를 낸다. "그 끔찍한 반점의 저주를 나의 작업에 던질 것이냐?"며 "아내 팔목에 자국을 남길"(128) 정도로 그녀를 거칠게 잡아채는 에일머의 행동은 조지아나의 뺨에 반점을 남긴 자연보다 훨씬 나쁜 것이다. 타인에게 자신의 비전을 강요하는 그의 폭력은 아내를 죽음으로 몰아넣는 원인이 된다. 인간에게 주어진 것보다 "좀 더 높은 완벽함"을 추구하는 에일머를 자연의 '치명적인 손'이 패배시킨 것이다. 에일머가 성공을 확신하며 준 시약을 받아 마신 조지아나는 반점이 사라지는 순간 숨을 거둔다. 반점이 아내의 생명과 직결되어있음을 알면서도 그는 자기 목적을 위해 그 사실을 무시한 것이다.

조지아나의 영혼을 인식할 수 없었듯이, 그는 아내의 반점으로 표상되는 자연의 불완전함을 초월하는 인간적 행복, 즉 인간의 불완전함을 인정하고 그것을 포용하고 사랑하는 데서 얻는 행복을 깨닫고 누릴 수 있는 깊은 지혜를 얻지 못했었다.

에일머가 좀 더 깊은 지혜에 도달했다면, 그는 유한한 삶이 만들어낸 하늘의 것과 같은 결의 행복을 떨쳐버리지는 않았을 텐데. 현재의 상황이 그에게는 너무 강했었다. 그는 시간의 어두운 영역을 너머, 영원함 속에서 딱 한 번 살면서 현재에서 완벽한 미래를 발견하는데 실패했다(131).

에일머는 자신의 행동을 역사 속에서 냉정하게 성찰하는 능력이 부족하다.

사실만이 존재하는 메마른 세계에 만족하지 못한 에일머는 과학의 세계에서 예술적 해석의 영역으로 나아간 것이다. 그는 자신에게 권위를 부과함으로써 오히려 역설적으로 자기가 질서를 세우려고 하던 세계를 파괴했을 뿐이다. 이런 모습은 "황금을 만들고자 했었는데 모든 것을 재로 만들어버렸다"는 아그리파가 만년에 했던 탄식을 연상하게 한다(Powell 125). 에일머는 조지아나의 죽음에서 "깊게 기억되는 도덕"을 얻은 것 같지 않다. 그는 아내의 죽음을 자신이 해왔던 수많은 실험들처럼 자기가 추구하는 것을 얻는 과정에서 발생할 수 있는 또 하나의 실패일 뿐이라고 생각하는 듯하다. 이처럼 황폐한 정신 상태는 새로운 질서와 영합한 인간의 왜곡된 정신이 초래한 또 다른 비극이다.

호손은 에일머라는 인물을 통해 신의 전능함을 대체하는 과학의 힘을 신뢰하는 19세기 미국인의 모습을 암시적으로 드러낸다. 물질 세계를 다루는 실증과학으로는 인간의 불완전함을 다룰 방법이 없다. 그러나 동시에 기계적인 완벽을 추구하는 과학 교육을 받은 인간은 인류의 원죄와 죽음을 인정하려 들지 않는다. 에일머는 실증적 관점으로 이 세계를 해석하는 무미 건조함과 냉혹성에서 벗어나려는 방법으로 연금술과 실증과학의 관점을 연결시켜 이 세계를 이해해보려고 시도하나 실패한다. 그는 연금술사 같은 태도를 지니고 있지만 연금술이 근본적으로 지니는, 기독교적 세계관으로 돌아가 우주의 위계 질서 속에서 자신의 위치를 규명하는 게 아니라, 자신의 제한된 세계 안에 이 세계를 한정시키려 한 것이다. 호손은 에일머와 조지아나의 비극을 통해, 인간 한계를 극복하는 힘을 제공해 인간에게 스스로 자기 운명을 통제하는 자율성을 제공할 거라고 환영했던 과학의 잠재적인 위험성을 경고하고 있다.

2. 새로운 질서의 양면성 —「라파치니 박사의 딸」

이 단편은 앞의 이야기 「반점」과 여러 면에서 유사하다. 첫째 소위 과학자들이 다른 인간들을 수단으로 생각한 점에서, 둘째 남성들이 사랑이라는 미명 아래 여성을 희생시키고 있다는 점에서 그리고 물질을 다루면서도 신의 질서와 같은 질서를 물질을 통하여 구현하려 노력하는 과학자들이 등장한다는 점에서 그러하다. 그러나 이 이야기는 「반점」이 끝나는 곳에서 출발한다. 「반점」은 조지아나의 변화가 완성될 때 끝나는 데 반해 비어트리스의 변화는 이야기 시작 전에 이미 완성되었다. 「반점」은 조지아나의 변화 과정에서 일어나는 위험을 우리에게 제시하나 일 년 후에 나온 「라파치니 박사의 딸」은 변화가 완성된 뒤 발생되는 문제를 다루면서 실증과학에 대해 좀 더 강하게 비판하고 있다. 에일머가 조지아나에게서 원한 것이 인간의 불완전한 상황을 벗어나는 완벽함이라면 라파치니가 비어트리스를 통해 실행하려 한 것은 모든 생물체로부터 자신을 완벽하게 보호할 수 있는, 인간의 한계를 뛰어넘는 강력한 힘이다. 그러나 그 힘은 그녀를 다른 생물체에게 치명적인 존재로 만들어 그녀는 자기 아버지와 연인에게도 가까이 다가갈 수 없는 철저하게 고립된 존재가 된다. 비어트리스의 철저한 고립이 이 단편을 사회적 소외라는 주제를 보여주는 데 가장 먼저 꼽히는 작품이 되게 하였을 것이다(Stewart *American Notebook* lxxi).

자신의 목적을 위해 각자 비어트리스를 이용하며 종국에는 그녀를 죽게 만드는 세 명의 남자들, 라파치니, 베글리오니(Baglioni), 지오바니(Giovanni)의 직업이 의사라는 사실은, 또 그들이 인간의 치유와 완벽함을 추구한다고 하면서 상대방을 죽게 만드는 점을 생각할 때 아이러니컬하다. 이 세 명의 과학자가 비어트리스를 고립시키고 희생시키는 과정과 지오바니가 실증적 인간이 되면서 겪는 정신적 혼돈을 살펴봄으로써 과학의 양면성과 과학을 새로운 질서로 받아들인 인간들의 문제를 살펴보기로 한다.

호손이 이 단편의 배경을 르네상스 시대의 이태리 파두아(Padua)로 한 것은 중요한 의미가 있다. 역사상 그 시대는 구시대의 학문에 대한 반항이 절정에 달했으며 계몽주의 이전의 학문과 계몽주의 이후의 근대 과학의 방법, 신앙과 이성 간의 갈등으로 인한 긴장이 가장 두드러진 시대였기 때문이다. 세계관이 변화되고 있었으며 인간이 주변 세계를 이해하는 데 감각적 증거를 받아들이기 시작하던 시대였다. 파두아는 십육 세기 당시 이런 지적 열정과 과학적 학문의 중심지였으며 파두아 대학은 특히 과학과 의학 분야에 뛰어났었다. 파두아 대학 교수들은 자연을 이해하기 위해 과학적 방법을 모색하였으며 그들의 작업은 아리스토텔레스적인 학문을 거부하는 16세기와 17세기의 혁신적인 인물들에게 유용하게 사용되었다. 하나의 사건과 현상에 대해 다양한 해석과 시각을 제시하고자 했던 호손이 르네상스 시대의 파두아인들에게 흥미를 느낀 점은 그들이 진리에 대해 새로운 형이상학적 접근 방식을 탐색했다는 사실뿐 아니라 어떤 현상에 대해 하나의 해석만을 고집하지 않았다는 점이었을 것이다.

> 파두아 학자들은 하나의 패턴에 따르지 않았고 과학적인 주제 뿐 아니라 물리적이고 도덕적인 주제에 관한 그들의 토론은 이태리와 그 이외의 지역 전체를 통해 반향을 일으켰다(Ralph 203).

이 단편의 중심에는 당시 파두아에서 있었던 것과 같은 중세적 관점을 지닌 학자와 근대적, 과학적 관점을 지닌 과학자 간의 갈등이 자리잡고 있다.

파두아의 역사적 사실에서 우리는 라파치니 박사의 실험실인 그의 정원과 직접 관련된 것을 찾아낼 수 있다.15) 당시 과학자들은 기존의 학자들의 발견과 이론을 검토하고 타당성을 확인하고자 하였다. 실증과학자의 방식은 고전 학자들과 자주 마찰을 일으켜왔기 때문에 그들은 자신들의 이론을 시험할 수 있는 '능동적 연구'가 필요했었다. 이런 목적에서 1553년 파두아 대학에 식물학 강좌가 개설되고 이 강좌를 맡은 첫 교수에 의해 유명한 파두아 식물원이 설립되었다. 접목과 교배로 이루어진 식물에서 치료제를 추출해내는 새로운 방식의 실험이 이루어지는 라파치니의 정원은 이와 같은 역사적 근원을 지니고 있으며 라파치니와 베글리오니 간의 갈등과 같은 학문적 충돌이 이 정원에서 역사적으로 존재했다는 것을 추측할 수 있다.

---

15) Carol Marie Bensick은 라파치니 정원과 파두아에 실재했던 식물원 사이의 유사점을 르네상스 당시 이태리에 대한 상세한 역사적인 고증과 함께 지적한다. Bensick은 호손이 *The Life of Lorenzo de Medici*를 읽은 것으로 보아 르네상스 시대 문화에 내재한 전통학문과 신학문 사이의 갈등을 알고 있었을 것이라고 주장한다(30).

라파치니 박사는 눈에 보이는 증거를 세밀히 관찰해가는 실증주의자라는 점에서 비권위적이고 반전통적이나 타인을 자신의 실험에, 완벽함을 지향하는 계획에 이용하는 점에서 그 역시 다른 권위주의자와 다를 바 없다. 그는 실증과학이 추구하는 사실의 실증적 증명이라는 목표에서 벗어나 그 위력을 자신의 주관적 비전을 실행에 옮기는 도구로 사용한다. 결국 그는 과학을 하나의 예술로 만들어 버림으로써 객관적인 실증과학을 주관화한다. 그가 비어트리스와 지오바니를 결합시킬 수 있는 실험을 성공했을 때 기뻐하는 모습은 과학자라기 보다는 예술가와 같다.

> 창백한 라파치니 박사는 마치 일단의 조각품들을 얻는데 일생을 보내야 했던 예술가가 마침내 자기의 성공에 만족하는 것처럼, 아름다운 청년과 처녀를 승리에 찬 표정으로 바라보는 것 같았다(208).

그러나 라파치니는 우주에 질서를 부여하는 예술가가 아니라 생명을 돌로 변화시키는 치명적 방식으로 삶을 포착하는 예술가이다. 이는 에일머가 자기를 피그맬리언과 비교하지만 조각에 생명을 부여하는 피그맬리언과는 달리 그는 아내의 생명을 앗아갔다는 점을 상기시킨다. 라파치니는 여러 가지 실험을 하여 자연의 질서를 파괴한다.16) 자연의 이치를 파악해 그는 자신을 신같은 존재로 만드는 데 사용한다. 인간의 제약

---

16) 호손의 시대는 잡종 육성와 접목이 보편적으로 받아들여지던 시대는 아니었다. 신의 창조물을 변형시키는 것은 주제넘거나 죄가 된다고 여겨지던 시대였다. 지오바니가 라파치니 박사의 정원의 화려한 꽃을 보고 '식물의 간음'이라고 한 것이나 베글리오니가 라파치니 의 실험을 '신성모독'이며 '악마적'이라고 한 것은 호손 당시 사람들의 사고를 반영한 것이다(Oliver Evans, Jeanne Dobbs 참조).

성을 받아들이지 않는 그의 오만한 태도는 정원 중앙에 있는 꽃, 즉 그의 실험의 산물을 마스크와 장갑을 낀 채 경계하듯이 다루는 부자연스러운 그의 모습에서도 잘 드러난다. 지나치게 화려한 정원의 식물과 라파치니의 기이한 태도는 우주의 질서를 벗어남으로써 야기되는 불협화음을 상징적으로 보여준다. 자신의 창조물을 제어할 수 없게 된 라파치니에게서 자기가 발명 한 것의 위력을 통제하지 못하는 현대 과학자의 모습을 예견한다.

그가 딸 비어트리스에게 주고자 한 유산인 무서운 힘은 남성의 권위에 속하는 것이다. 그녀는 정원의 식물을 마스크와 장갑을 끼지 않고 다룰 수 있는 유일한 인물이다. 라파치니가 딸에게 부여한 위력이 독(poison)에 의해 얻어진다는 것은 의미심장하다. 새로운 질서인 과학의 힘은 인간의 미약함을 극복하는 위력을 주지만 그것은 인간으로 하여금 그 값을 치르도록 한다. 인간적 제약을 극복 가능하게 하는 힘의 근원인 독을 지닌 인간은 그것을 즐기기보다는 양면의 칼날과 같은 위력 때문에 타인뿐 아니라 자기 자신의 죽음을 초래하게 된다. 과학의 위력이 갖는 이런 양면적 특성은 '가해자이면서 희생자'인 이들 부녀의 모습에서 드러난다.

이와 같은 양면적인 힘을 소유한 비어트리스가 결국 그 힘으로 인해 죽어가면서 아버지는 "왜 나를 이렇게 비참한 운명으로 괴롭히느냐"(208)고 항의하자 라파치니는 놀라 "어떤 적의 위력에도 대적할 수 있는 놀라운 능력을 재난이라고 하느냐"(209)고 되묻는다. 그는 딸을 인간 고유의 미약함과 한계 그리고 여성의 연약함에서 벗어나게 하고 싶었던 것이다. 딸을 가장 강력한 존재로 만들겠다는 과보호적인 아버지의 마음에는 딸이 영원히 자기에게 의존하기를 바라는 무의식적인 충동이 내재해 있다(Brenzo 66). "나의 긍지와 승리의 딸"이라 한 비어트리스에게 그가 인간적 제약을 극복할 수 있는 막강한 위력을 부여해 주었으나 그 힘은 딸의 물리적 안전만을 지켜줄 뿐, 그 대가로 치러야 하는 고통스러운 고립감을 이겨내는 정신적인 강인함을 주지 못한다. 자연 상태를 벗어난 이들 두 부녀가 사는 이 정원은 신이 창조한 자연 상태가 아닌 자체의 고유한 시스템을 가진 듯 보이는 "독이 든 꽃이 있는 에덴동산"이며 원시정원의 무서운 패러디이다.

라파치니의 경쟁 상대인 베글리오니는 라파치니를 비판하는 전통적인 학자이다. 그는 라파치니의 학문에 대한 경쟁심, 시기심, 그리고 그의 딸 비어트리스가 자기의 교수 자리를 차지할지도 모른다는 두려움을 지니고 있다. 자신을 "의학이라는 신성한 예술의 교사"라 생각하는 그에게 라파치니의 실증적인 방법은 위협이 된다. 그가 지오바니에게 얘기하는 라파치니의 작업의 "어떤 깊이 거슬리는 특성"(192)이란 바로 자기의 사고와 상치되는 방식을 지칭한다. 베글리오니가 아리스토텔레스적인 학문을 신봉하는 전통적 권위주의자라 한다면 라파치니는 개인적인 힘을 추구하는 새로운 권위주의자이다(Tharpe 90). 베글리오니의 말에 따르면 라파치니는 사람보다 과학을 더 사랑하며 사람을 실험 대상으로 대한다는 것이다. 라파치니의 실험에 대해 그가 반대하는 또 하나의 가장 중요한 이유는 "유독한 식물"에서 약물 성분을 뽑아내는 점이다. 그로서는 독초에서 의약품을 제조하는 것이 전통적인 선과 악에 관한 사고의 근간을 흔드는 파괴적 행동으로 간주된다. 라파치니의 실증과학이 야기시킬 수 있는 무서운 결과 곧 전통적 사고가 완전히 전복되는 것을 그는 두려워한다.

　베글리오니는 소개장을 가지고 찾아온 옛 친구의 아들 지오바니에게 지식을 얻기 위해서라면 인간의 목숨까지, "자신의 가장 소중한 것까지 희생시키는"(192) 라파치니의 위험을 경고한다. 지오바니를 두 번째 만났을 때 그는 두려움이 사실이 되어 있는 것을 알아차린다. 라파치니와 비어트리스로부터 위협을 느낄수록 베글리오니는 실증과학의 위력 앞에서 점점 더 전통적 학문의 권위가 약화되어 가는 것을 체감하게 되고, 라파치니의 가장 위대하고 소중한 발명품인 그의 딸을 원상태로 돌려놓겠다는 생각까지 하게 된다. 이 점에서 그 역시 자신이 경원하는 대상과 비슷해져 간다. 라파치니를 파멸시키겠다는 그의 계획 곧 "라파치니가 꿈도 꾸지 못했던 곳에서 그를 좌절시키겠다"(190)는 계획이 지오바니를 만나면서 구체화되고 촉진된다.

　교활하고 부패한 기존 세력을 나타내는 인물로 타락해버린 그의 모습은 지오바니를 세 번째 만났을 때 좀더 분명하게 드러난다. 그는 지오바니가 라파치니의 "과학에 대한 광적인 열정"의 희생물이 된 것을 상기시켜 준다. 그는 비어트리스와 지오바니를 라파치니가 실험하기 전의 "평범한 자연 상태"(204)로 되돌릴 수 있다고 믿는다. 베글리오니는 "보르기아스(Borgias)의 가장 치명적인 독을 무해하게 만드는 해독제"(204)를 조제한다. 이렇게 강력한 해독제는 인간에게 치명적일 수도 있다는 것을 그는 알았으나 어떤 희생을 치르든 그는 기존의 질서, 자신의 학문을 고수하려고 한다. 자신이 만든 해독제를 마시고 비어트리스가 죽는 사실에 그는 승리감과 공포를 동시에 느낀다. 무엇보다도 자기가 라파치니의 계획을 그르치고 그를 이겼다는 점에, 그리고 자기를 위협하는 대상을 제거했다는 사실에 흡족해 한다. 그러나 한편으로는 이 결과를 두려워한다. 이 단편의 끝에 베글리오니가 "라파치니! 이것이 너의 실험의 결과이냐?"(204)고 하는 질문은 자신이 지오바니에게 해독제를 주며 비어트리스를 해독시키라 부추김으로써 그녀의 죽음에 큰 몫을 한 사실을 부인하고 오직 라파치니에게만 모든 책임을 전가시키는 것이다.

베글리오니와 라파치니의 갈등의 사이에서 비어트리스의 죽음에 직접 간여하게 되는 지오바니는 자아 탐색을 위해 집을 떠나온 젊은이이다. 그러나 다른 이에게 자신의 주장을 강요하고 그로 인해 사람을 희생시키는 점에서 지오바니는 앞장의 탐색자들과는 달리 아버지에게 저항하는 아들 이상의 역할을 하고 있다. 이런 점에서 그는 「반점」의 에일머와 비슷하다.

상상력이 풍부한 젊은이에서 실증적인 인간으로 변해가는 지오바니의 변화 과정을 살펴보기 전에 그가 어떤 질서관을 가지고 이 도시에 왔는지 고찰해보자. 그에게는 사실을 왜곡하는 "이태리 남쪽 출신이 갖는 재빠른 상상" 외에는 확고한 주관이 없다. 그는 단테의 고전적 사고를 지닌 채 파두아에 왔다. (단테는 파두아 출신이다.) 이 단편의 서두에서 지오바니가 자기 하숙집의 원래 주인이 단테의 『신곡』「지옥」편에 나오는 인물 중 하나가 아닐까 하고 상상하는 것은 그의 여행 목적을 암시한다. 그는 지옥으로 내려가는 단테와 같다. 가족과 헤어져 파두아에 온 그는 처음으로 혼자라는 것을 깨닫고 어찌할 바를 모른다. 그는 자신을 지탱시켜 줄 믿음을 찾아야만 한다. 단테는 지옥과 연옥을 거치는데 버질(Virgil)에게 의존한다. 버질은 이성 즉 인간에 대한 세속적 지식을 나타낸다. 천국으로 가기 위해 단테는 동행할 비어트리스가 필요하다. 그녀는 단테 설화에서 가장 깊은 믿음을 나타낸다. 그러나 지오바니의 길은 단테와 반대이다. 단테처럼 비어트리스는 지오바니의 안내자가 되지만 그녀는 그를 기독교적 구원의 세계가 아닌 감각에 의한 인지의 세계로, 에덴동산이 아닌 과학적 실험이 실행되는 정원으로 안내한다.

지오바니에게 새로운 관점을 소개하는 비어트리스는 교수 자격을 가질 정도의 과학적 지식이 있다고 알려져 있다. 라파치니 박사가 실험 대상을 장갑과 마스크로 무장해서 다루는 데 반해 딸은 마치 아이를 돌보듯이 꽃을 다룬다. 아버지가 실험 대상에서 분석적인 객관성을 추구하는 데 반해 그녀는 상대방과의 친밀함을 원하며 영혼의 종교적인 구원을 갈망한다. 자기 몸에 독성을 스미게 했다고 비난하는 지오바니에게 그녀는 자신의 영혼은 "신의 창조물"이라고 답한다. 지오바니 역시 때때로 그녀 영혼의 아름다움에 비어트리스로 그녀를 "하늘의 천사"가 아닌가 상상한다. 그러나 이것만이 비어트리스의 전부는 아니다. 그녀는 남자를 유혹하는 여자일 수도 있고 독 있는 육체를 지닌 여자이며 생명에 치명적인 꽃을 자유자재로 다루는 여자이다. 지오바니는 그녀를 "아름답다고 해야 할지" 끔찍하다고 해야 할지 갈피를 잡을 수 없다.

지오바니는 그녀의 실증주의적인 면과 육체적인 면에 대해 충격을 받는다. 그는 있는 그대로의 그녀를 받아들이는 대신 비어트리스에게는 불가능한 미래를 상상한다. 비어트리스에 대한 단편적인 지식을 가지고 상상으로 이상적인 여인을 형상화하는 단테처럼, 비어트리스라는 한 인간을 자신의 이상과 요구에 맞게 변화시키려는 지오바니는 그녀로서는 받아들일 수 없는 변화를 요구함으로써 결국에는 그녀를 희생시키게 된다. 비어트리스가 죽어가면서 "처음부터 당신이 나보다 더 독성이 강하지 않았어요?"(209)라고 하는 항의는 지오바니가 있는 그대로의 그녀를 받아들이지 않고 자기가 만든 이미지에 그녀를 강압적으로 순응시키려 했던 사실에서 기인한다. 비어트리스는 베글리오니와 라파치니의 갈등에 의해 희생되듯이 지오바니의 상상과 실재의 혼돈에 의해서도 희생된다.

지오바니는 자기도 모르는 사이에 실증주의자로 변해가나 그의 의식은 여전히 고전세계에 집착한다. 비어트리스가 그를 처음 보고 "이태리인이라기보다 그리스인처럼"(194) 보인다 한 것은 이런 의미가 내포되어 있다. 베글리오니는 라파치니에 대한 자기 계획을 실현시키기 위해 지오바니를 설득할 때 고전 이야기를 들려준다. 알렉산더 대왕을 살해하기 위해 선물로 보내진 유독한 육체를 지닌 공주 이야기가 사실인지 아닌지는 중요하지 않다. 다만 베글리오니가 옛이야기로 지오바니를 설득할 수 있다고 생각한 점이 의미가 있다. 그러나 여기에서는 고전의 세계는 이미 죽은 곳임을 그들은 깨달아야 한다. 귀족의 저택이던 그의 하숙집은 이미 정원의 조각들이 형체를 알아볼 수 없는 폐허 상태이다.

지오바니는 진리가 권위주의적 획일성을 유지하기를 원한다. 비어트리스는 실증과학의 교사답게 "당신 눈으로 볼 수 있는 것을 제외하고는 나에 대한 어떠한 것도 믿지 말라"(199)고 당부한다. 그녀는 지오바니에게 상상을 믿지 말라 하면서도 감각적 지식만으로는 인생을 설명할 수 없다는 점도 가르쳐 준다. 그녀는 감각적 정보만으로는 세계를 이해하는데 충분치 않다는 것도, 상상은 감각적 정보를 잘못 해석한다는 점도 알고 있다. 진리 파악의 모호함과 어려움을 일깨워 주는 비어트리스와의 만남으로 인해 지오바니는 기존 권위의 획일성에 의심과 회의를 갖게 된다. 그때부터 그는 인식하는 데 관찰과 실험에 의존한다. 그러나 문제는 그가, 비어트리스가 얘기하는 진리에 대한 다면적인 인식의 필요성 즉 사람이 인식하는데 여러 개 가운데 하나를 선택하는 것이 아니라 모두를 다 수용해야 한다는 사실을 깨닫지 못한다는 데 있다.

지오바니는 실증주의자가 되는 데 네 단계를 거친다. 처음에는 고전 세계의 영향을 받는 상상에 의존한다. 이 단계에서는 "느낀다(feel)"라는가 "상상한다(imagine)"라는 표현이 많이 사용되고 있다. 호손은 지오바니가 리얼리티를 지각하는 데 재빠르게 상상을 동원하는 점을 강조한다. 라파치니와 그의 딸을 처음 목격하고 난 뒤 "자기가 이 두 부녀를 파악하는데 얼마만큼의 특이함과 상상을 적용해야 하는지 결정할 수 없다"(191)고 궁금해 한다. 그는 자연의 의미를 자신의 상상에 따라 해석하려 하고 '상징적 언어'로 정원 속의 자연과 대화를 나눌 수 있다고 생각한다.

지오바니의 두 번째 변화는 베글리오니를 만난 뒤에 일어난다. 베글리오니는 지오바니를 전통 세계 속에 묶어두려고 하나 역설적으로 그와의 만남은 비어트리스와 마찬가지로 이 젊은이가 점점 감각에 의존하는 실증적 인간으로 변화되는 동기를 제공한다. 그러나 그는 아직까지 자신이 냉정한 관찰자임을 확신하지 못한다. 그는 꽃을 사서 구애의 심정으로 비어트리스에게 던져준다. 이 행동은 감각에 의한 인식에 그가 의존하는 동기가 된다. 그는 비어트리스와 그녀가 돌보는 꽃 사이의 유사점을 보았다고 생각한다. 이에 대해 호손은 그가 술에 취하지 않았다 해도 재빠른 상상력이 정확한 관찰을 그르칠 수 있다고 한다. 호손은 세 번에 걸쳐 지오바니가 목격한 현상에 대해 다른 가능성이 제시되는 것은 지오바니의 불완전하고 제한된 관점을 나타내며 감각적 인지의 한계를 드러낸다. 지오바니는 비어트리스가 꺾은 꽃의 수액 방울에 도마뱀이 죽는 것을 보았다고 생각하지만 작가는 "그렇게 멀리 떨어진 곳에서 그가 그렇게 작은 것을 볼 수 없었을 거라고"(194) 다른 설명을 가한다. 비어트리스의 숨결에 곤충이 죽었다고 지오바니가 추측할 때도 의문의 여지를 남겨놓는다. "지오바니의 시력이 그를 속였을지도 모른다"(194)는 것이다. 그가 던진 꽃다발이 그녀의 손에 닿자마자 시들어버렸다고 생각할 때도 호손은 거리 때문에 싱싱한 꽃과 시든 꽃을 구분하기 어려울 거라고 참견을 한다.

이렇게 감각적 인지와 상상력이 혼돈된 체험을 세 번 겪은 후 지오바니는 창밖을 내다보는 것을 주저하게 된다. 자기의 시력도 상상도 믿을 수가 없게 된 그는 자기의 인식 능력에 대해 믿음을 상실한 듯하다. 비어트리스와 대화를 나누기 시작한 후부터 그는 "자기가 알 수 없는 힘의 영향 아래로"(194) 떨어진 것을 느낀다. 그는 라파치니의 영향권 아래로 들어선 것이다. 정신적 안정을 잃어버릴 수 있는 상황에서 그에게는 두 개의 선택이 있다.

> 가장 현명한 선택은 그의 정신이 정말로 위험에 빠졌다면, 하숙집과 파두아를 즉시 떠나는 것인지도 모른다. 차선으로 현명한 것은 가능한 한 친숙하고 눈에 보이는 비어트리스에게 익숙해지는 것이다. 그렇게 하여 일상의 체험 한계 내에 그녀를 체계적이고 확실하게 데리고 오는 것이다. 지오바니는 무엇을 두려워해야 할지 몰랐다. 그리고 무엇을 원해야 하는지는 더욱 몰랐다. 그러나 희망과 두려움이 그의 마음속에서 계속 갈등했다(195).

그녀의 정체를 확실하게 규정짓지 못할 때 그의 마음속에는 "끔찍한 의심이 고개를 들기 시작하고 그녀에 대한 사랑은 점점 엷어져서 의심만이 남게 된다"(202).

변화의 세 번째 단계는 지오바니가 주변에 대해 보다 더 의심하게 되는 시기이다. 베글리오니와의 우연한 만남은 그로 하여금 감각에 더욱 의존하게 만드는 동기가 된다. 그러는 과정에서 그는 정신적인 혼란을 겪으며 공허감에 빠져들게 된다. 비어트리스에 대한 자기 감정에 대해서도 확신하지 못한다.

> 자기가 갖는 이 강한 관심이 망상인가, 아니면 측정할 수 없는 곳에 자기를 밀어 넣는 게 정당할 정도로 깊고 긍정적인가, 아니면 단지 아주 가볍게 마음과 연결된 젊은이의 머리 속 환상에 불과한 것이 아닌가 하는 의심이 갑자기 그의 마음을 스쳤다(197).

지오바니가 리얼리티에 대해 적극적으로 묻기 시작한 때가 바로 여기이다. 만약 상상이 그를 속인다면 그는 이 세계를 인식하기 위해 무엇에 의존해야 하는가? 여태까지 창문에서 내려다보기만 하던 그는 직접 라파치니 정원으로 들어가 분석적인 태도로 문제의 식물을 관찰한다. 그곳에서 비어트리스를 만난 그는 그녀에 대한 자기 상상이 과장된 것을 깨닫는다. 그녀는 신비한 존재가 아니라 밝은 대낮, 생경한 리얼리티의 세계에서 존재하는 사람이다. 사실 지오바니는 자기가 왜 그런 경외감으로 그녀를 상상했던가를 반문해본다.

그러나 그가 정원에서 벗어나자마자 그의 활발한 상상력은 다시 나래를 펴기 시작하고 정원에서 그녀와 만난 구체적 사실을 미화시킨다.

그러나 그녀가 자기 팔에 남긴 "타는 듯하고 톡톡 쏘는 통증"을 느낄 때 그는 다시 감각에 대한 인식작용이 강해진다. 손목의 통증은 그녀에 대한 자신의 상상과 믿음을 의심케 한다. 그러나 여기에서 그는 여전히 상상이라는 익숙한 영역으로 되돌아가 버린다. 그는 상상이 상식을 압도하도록 내버려 두며 비어트리스가 자신의 "영혼의 배필"이라는 환상을 즐긴다. "그의 영혼이 모든 다른 지식을 넘어서는 확신으로 그녀를 잘 알고 있다고 느낀다"(202).

변화의 네 번째 단계는 베글리오니가 그의 거처로 찾아온 데서 비롯된다. 지오바니는 자기의 향내에 대한 베글리오니의 의견을 반박할 정도로 자신감이 있다. 그는 자기의 정신 상태를 말하는 영혼과 물질 간의 모호함을 베글리오니에게 이렇게 역설한다.

> 내 생각에는 당신이 신봉하는 상상을 제외하고는 어떤 향내도 없는데요. 감각과 영혼이 합쳐진 요소로서 냄새란 우리를 이런 식으로 속이기 쉽지요. 향기의 기억과 그에 대한 희미한 생각이 현재의 리얼리티로 쉽게 오해하게 될 가능성이 있지요(203).

그러나 인디아 공주 설화로 베글리오니가 끈질기게 설득하자 그는 다시 혼란에 빠지게 되며 자기의 입김을 시험해 본 뒤 감각에 의한 인식으로 기울어지게 된다.

지오바니는 이제 감각에만 의존하게 된다. 인간이 성숙해지는 과정의 하나인 지식의 습득은 기존의 믿음을 불신하게 하고 절망하게 만든다. 그의 심경의 변화는 비어트리스를 위해 꽃을 사는 동기에서 알 수 있다. 처음에 그는 구애하는 마음에서 그녀에게 꽃을 던졌지만 이번에는 그녀가 꽃을 만진 다음의 변화를 보기 위해서이다. 비어트리스를 관찰하기 전 그는 자신에게서 실험의 결과를 얻는다. 손에 쥐고 있던 꽃이 시드는 것을 보고 그는 비어트리스가 자신에게 독을 스며들게 했다고 결론을 내린다. 자신의 상상이 만들어낸 비어트리스의 이미지를 상실한 후 그가 겪는 변화는 숲에서 하룻밤을 지내고 돌아온 후 브라운이 겪는 절망과 비슷하다. 인생에 대한 새롭고 고통스러운 인식은 그를 광적인 상태로 몰고 간다.

    그러나 감각적 인식의 체험이 비어트리스에 대한 상상의 이미지를 깨뜨렸음에도 불구하고 그는 끝까지 그녀를 변화시키려 한다. 그는 전통적인 믿음, 평범함을 지닌 비어트리스를 원하며 그녀를 그런 상태로 변화시키겠다는 결심을 하고 이 결심의 실행은 그녀를 죽게 만든다. 베글리오니가 준 약은 비어트리스의 독성을 해독하는 약이면서 동시에 그녀를 죽게 만드는 또 하나의 독약이다.

    베글리오니와 지오바니는 전통의 영역에 안주할 수 있도록 시간을 되돌려 놓고자 한다. 지오바니는 비어트리스에게 해독제를 "거의 효험이 신과 같은" 의사가 만든 약이라며 종교에 의존하여 그녀를 설득한다. 그는 라파치니의 과학을 뒤엎어 원래의 질서대로 되돌리려 한다. 같이 해독제를 마시자는 지오바니의 제의를 거절하고 비어트리스는 혼자 마시겠다고 하며 결과를 기다려 보라고 한다. 그녀는 지오바니가 준 약을 마신 뒤 자신을 이용했던 세 남자가 지켜보는 가운데 숨을 거둔다. 과학과 전통을 고집하는 이들은 그녀를 각자 자기들이 원하는 정체성으로 고정시키려 함으로써 그녀를 세상으로부터 고립시키고 종국에는 파멸시킨다.

그녀는 어떤 하나의 관점으로 규명되는 존재가 아니다. 마치 조지아나의 반점이 보는 이에 따라 모양과 의미가 달라지듯이 그녀도 받아들이는 입장에 따라 변하게 된다. 그녀의 정체를 파악하는 데 물리적 방법이 적용된다면 그녀는 유독한 존재이나, 감각으로 리얼리티를 규명하는 것이 인식의 전부가 아니라면 그녀는 순수한 영혼을 지닌 존재로 볼 수도 있다. 하나의 관점으로 그녀의 정체를 규명할 수 없다는 사실은 인간의 인식 능력의 한계를 드러낼 뿐 아니라 과학이라는 새로이 대두된 체제로도 이 세계를 파악할 수 없음을 보여주는 것이다. 뿐만 아니라 이 세계를 감각과 상상 모두를 통해서 총체적으로 파악하려는 사람은 물질만 인정하는 과학 세계에서는 존재하지 못하고 희생당할 수밖에 없다는 점이 비어트리스의 죽음을 통해 드러난다.

과학의 법칙은 자연 현상을 설명할 수 있으나 인간은 과학적 지식을 가지고 자연의 창조력을 모방할 수는 없다. 에일머와 라파치니가 과학 질서로 우주를 규명하고 그것을 통해 인간 한계를 뛰어넘으려 할 때 그들의 가장 위대한 실험은 실패로 끝나게 된다. 그들은 인간의 한계와 유한성을 인간에게 가장 확실한 방법 즉 죽음에 의해 깨닫게 된다.

새로운 질서인 과학이 기존의 질서보다 인간에게 훨씬 실질적이며 직접적인 영향을 끼침으로 해서 그 파급 효과 역시 더 클 수밖에 없다는 사실이, 이들 인물들의 곤경이 자신들만의 좌절이나 절망에 그치지 않고 타인의 생명에 간여하는 상황에서 잘 드러난다. 자신의 세계를 고수하기 위해 어떠한 희생도 주저하지 않는 타락한 전통적 권위주의자 베글리오니, 자신의 사적인 비전의 실현을 위해 인간을 실험대상으로 삼는 라파치니, 그리고 새로운 질서를 받아들임으로써 인간 존재를 단순한 물리적 현상으로 파악하게 되는 지오바니, 이 세 남성들을 통해 호손은 타인에게 자기 가치를 강요하며 정신적 가치를 부인하고 물질적 가치로 판단하는 시대와 피상적인 사고를 지닌 기능적이며 실용적인 인간에 대한 비판과 우려를 보여준다. 이 인물들은 다음 단편 「아름다움의 예술가」에서는 실용성 외에는 어떤 것도 가치를 두지 않는, 타인의 고통에 대해 전혀 무감각한 사람들로 이루어진 하나의 사회적 세력으로 본격적으로 등장하게 된다.

3. 개인적 질서의 확립과 소외 —「아름다움의 예술가」

이 작품의 주인공 오원 월랜드 역시 아버지와 같은 인물의 영향력에서 벗어나 스스로의 질서를 찾아내고자 하는 점에서는 호손의 다른 주인공들과 비슷하다. 오원은 기존 질서를 믿지 않아 절망에 빠지나 결국에는 자기 자신의 진리를 획득한다. 그러나 그가 발견한 진리는 그에게만 의미 있을 뿐 주변 사람들에게는 아무런 가치도 없다. 에일머와 라파치니가 그들 고유의 질서를 창조하는 과정에서 주변에 무질서와 희생을 야기시키고 있는데 반해 오원은 남에게 아무런 문제를 일으키지 않는다. 그러나 오원은 그가 추구하는 바를 획득하지만 그것을 이해 못하는 사람들에게는 한갓 쓸모없는 일에 시간과 노력을 허비하는 미친 사람일 뿐이다. 뿐만 아니라 오원이 오랜 시간 심혈을 기울여 만든 창조물마저 그가 그토록 초월하고자 했던 물질세계에 의해 한 순간에 파괴당해 버린다.

오원이 시계공이며 "새로운 종류의 시계"를 만들려는 사람이라는 점은 시계와 시간이 이 이야기의 중요한 모티브임을 말해준다. 18세기에 시계는 이 우주가 부분들의 논리적 총체라는 것을 알리는 데 즐겨 사용되던 메타포였다. 여기 나타난 시간의 의미는 전통적 질서와 새로운 질서의 대조를 보여준다. 오원이 추구하는 것과 상반되는 세력을 대표하는 호벤든은 기능과 능률을 중시하는 19세기 실용주의자이다. 그의 독선적인 태도는 엔디컷 같은 청교도를 연상하게 한다. 황야에서 국가를 건설하게 했던 실질적이며 독선적인 청교도적 특질이 자기들과 다른 것을 추구하는 자에 대해서는 무자비함으로 변화되는 양상이 호벤든에게도 나타난다. 그러나 그에게는 「오월주」의 엔디컷이 보여줬던 인생의 사랑과 슬픔에 대한 지혜가 없다. 그에게 인생이란 시계와 같이 정확한 질서를 의미한다.

호벤든은 세계를 이해하는 데 전적으로 눈에 보이는 외부 양상에만 의존한다. 그가 일생을 시계공으로 지내왔다는 것은 적절한 비유이다. 자신의 행동을 시계처럼 규칙적으로 만들고자 했기 때문이다. 그는 오원의 "궤도에서 벗어난 열정"을 싫어한다. 오원의 열정은 시간과 질서에 대한 그의 개념과 상충된다. 오원에게 "가게의 귀중한 시계를 망가뜨릴" 뿐 아니라 "해를 궤도에서 이탈하게 해서 시간의 흐름을 어지럽히는"(160) 잠재력이 있다고 생각되기 때문이다.

오원과 호벤든은 인식론적인 출발점이 다르다. 호벤든에게 시간은 인생을 측정하고 규칙적으로 만드는 것으로 대우주(Macrocosm)의 총체를 반영한다. 이에 대해 오원이 만든 창작품은 소우주(Microcosm)을 상징한다. 오원의 마음은 호벤든이 상상하는 것보다 더 크고 완벽한 것을 상상할 수 있으나 남들은 그것을 전혀 이해하지 못한다. 「아름다움의 예술가」라는 제목이 보여주듯 이 단편은 오원의 이야기이며 그가 추구하는 바를 결국은 획득한다는 승리에 대한 것이라 할 수 있으나 호벤든과 같은 실용주의자의 눈으로 볼 때 오원이 추구하는 숭고함이란 하찮은 것이며 물질의 무한함과 대비했을 때 예술은 하찮아 보인다.

이상주의자와 실용주의자 각각의 해석이 이 이야기에서는 다 같이 정당화되고 있다. 이 단편은 삶의 리얼리티를 이해하기 위해서 감각적 데이터의 필요성을 주장하는 실증주의와, 그 실증주의를 초월하는 이상주의 양자를 다 제시한다. 그러면서도 이 두 영역 사이에는 결코 화해가 이루어지지 않는다. 호손은 어느 한쪽으로 치우지지 않고 이 두 개의 상반되는 경향을 부정하면서 동시에 긍정한다. 그는 리얼리티를 파악하기 위해서는 두 가지 인식 방식을 염두에 두어야 한다고 주장한다.

기계화되는 사회를 수용 못하는 오원의 태도는 그가 어렸을 때 이미 드러난다. 그 시대의 발전과 번영의 상징이던 증기기관을 보았을 때 그는 "괴물을 본 것처럼 창백해지고 혐오감을 느꼈다"(161). 그는 자연에서 얻은 지식을 예술로 변화시키고자 한다. 감각을 통해 얻은 정보를 과학적인 작업에 이용하는 것이 아니라 자연을 예술로 모방하려는 노력에 사용한다. 오원은 아이 때부터 자연의 법칙과 조화를 이루는 무엇인가를 만들어내려고 노력한다.

> 그의 작은 손가락이 연필 깎는 칼을 쥘 수 있을 때부터 오원은 섬세한 재주에 뛰어났다. 그 재주는 기계의 숨겨진 신비를 목표로 하는 듯했다. 그러나 그는 항상 우아함을 목적으로 했지 유용함이 아니었다.… 그 아이에게서 그런 특별함을 발견한 사람은 때때로 그가 나비의 비상이나 작은 동물의 움직임을 모방하는 것처럼 자연의 아름다운 순간

을 모방하고자 한다는 생각을 들게 하는 이유를 보았다. 사실 그것은 아름다움에 대한 사랑을 새롭게 발전시키는 것처럼 보였다. 마치 아름다움에 대한 사랑은 그를 시인이나 화가 혹은 조각가로 만들었을지도 몰랐고 그것은 실용적인 거칠음을 예술에서 하듯 정제하는 것이었다(161).

자기 또래의 다른 소년들과 달리 오원은 자연의 질서를 그의 예술에 적용한다. 그는 주변의 실용적인 관점에 저항하며 실용적인 것을 초월하여 절대적이고, 이상적인 것을 추구한다. 이런 점에서 그는 낭만적인 예술가이다. 그러나 그를 전적으로 낭만적인 예술가로서만 간주할 수는 없다. 오원은 낭만주의자처럼 자연에 대해 격렬한 감정에 휩싸이지도 않고 냉철한 계몽주의 과학자의 태도로 자연에서 질서를 구한다. 그는 자신의 창조물에 대한 아이디어를 탐색하는 과정에서 에일머와 라파치니처럼 절대적 완벽이라는 하나의 목표에만 몰두하게 된다. 그러나 호손의 과학자들을 실패하게 하는 낭만주의의 오류는 이 이야기의 끝에도 나타난다. 물질을 능가하는 정신의 승리를 오원이 목격하지 못하도록 하는 것이 예술의 역설적인 특성이다. 정신의 승리를 상징하는 그가 만든 나비는 너무나 가냘프고 덧없어 그것을 보는 사람들에게 아무런 감흥도 주지 못한다.[17] 오원의 창조물인 기계로 된 섬세하고 연약한 나비는 그의 완벽한 미의 개념을 "희미하고 어렴풋하게" 드러낼 뿐 다른 사람들에게는 아이의 "신기한 장난감"이며 "팔랑개비", "쓸모없는 기계장치", "재주꾼의 괴상한 작품"에 지나지 않는다. 그 나비는 자연이 만든

---

17) 이 나비에 관한 해석은 대체로 둘로 나뉜다. 그것이 낭만주의의 상징이라는 주장(Liebman 93)과 쓸모없는 기계에 불과하다는 의견(Baym 110)이 대표적이다.

"힘센 아이"에 의해 파괴된다. 이는 낭만주의를 근본부터 뒤흔드는 해석이라고 할 수 있다. 나비를 망가뜨리는 데 관여한 이들은 나비가 망가진 것이나 오원의 감정에 전혀 개의하지 않는다. 이들의 무감각한 모습은 영혼의 의미가 상실된, 물질의 유용성만이 번성하는 사회를 성공적으로 드러낸다.

결국 오원의 이야기는 이 세계에 진리가 있다 하더라도 그것은 개인의 심리 내에만 존재할 뿐이지 다른 이들에게는 아무런 의미가 없는 것을 말한다. 사실 오원은 처음부터 고립된 상태에 있다. 그의 노력을 이해하고자 노력하는 인물들은 전혀 등장하지 않으며 그는 가족도 없이 처음부터 끝까지 철저히 고립되어 있다. 오원이 애니에게 결혼 선물로 나비를 주었을 때 그녀 가족들이 그 가치를 정말로 인식하지도 않거니와 나비의 놀라운 비상으로 오원에 대한 평가도 변화되지 않는다. 그들은 눈에 띄지 않게 오원과 그의 나비를 조롱하고 있다. 오원은 나비가 파괴된 것에 대해 마음의 상처는 받지 않으나 그 역시 이들과 조화를 이루고 살아가게 될 거라는 추측을 하게 만드는 기미는 없다.

오원은 전통 질서에 순응하지 못하는 세력으로 인식된다. 호벤든 아래에서의 시계공 도제 수업은 오원으로 하여금 더욱 기존 권위를 경멸하게 만든다. 유년 시절 풍차와 물레방아와 같은 기능적인 것에 대해 가지던 혐오감은 성인이 되어 호벤든 같은 실질적인 인간과 시계공으로서 시계를 일상적으로 대해야 할 때 증폭된다. 오원은 "무궁동(perpetual motion)"을 추구하지는 않는다. 오원이 대장장이 댄포스(Danforth)에게 얘기하듯이 '무궁동'의 비결은 물질에 몰두하는 이들, 이익을 내는 기술 발전을 위한 기계장치를 발명해 내는 이들이 원하는 것이다.

"무궁동은 발견될 수 없어! 그것은 물질에 두뇌가 혼미하게 된 인간들이나 속일 수 있는 꿈이지 나를 속일 수 있는 것은 아니야. 그 외에도 만약 그런 발견들이 가능하다 할지라도 그것이 증기나 수력으로 움직이는 것처럼 그런 목적에 쓰인다면 내게는 가치가 없다네. 나는 새로운 목화 기계의 특허권을 따는 명예를 얻겠다는 야망은 없어"(163).

대신 오원은 정지 상태 즉 시간이 존재하지 않는 영역을 찾는다. 그와 같은 사고는 죽음을 생각하게 하며 그것은 예술의 찰나성과 연결된다. 살아 있는 자는 영원한 상징성을 만들어내지 못한다. 영원함이란 우리가 죽음으로서 얻어지는 것이다(Kouwenhoven 228). 완벽한 상태를 영원히 포착하려는 오원의 바람이 그의 정신적 부활의 상징인 나비가 파괴되는 이유이다.

움직임(motion)은 시간과 더불어 이 작품의 또 하나의 중요한 모티브이다. 방아와 시계는 중세 때 완성되고 널리 사용되었다. 중세의 방아제작자들은 "기술자라는 용어의 근대적 의미를 갖는 최초의 기술자들"(Bernal 315)이다. 방아제조기술이 시계의 작동을 가능하게 했으며 방아제조인들은 근대과학과 기술의 발전에 중요한 역할을 했었다. 이 "자동(self-regulating as well as self-moving)"의 이미지가 19세기 기술의 개화와 연결된다는 점에서 오원의 고통 뒤에 있는 사고는 중요한 의미가 있다. '스스로 통제하고 스스로 움직이는 메커니즘'은 인간의 손을 필요로 하지 않는다. 이것은 인간의 권위와 개인주의의 종말의 시작으로 인식될 수 있다. 오원은 시계공이 됨으로써 그가 경멸하던 기술자의 집단에 참여하게 된다. 기계적 질서의 대표자인 호벤든은 오원을 사회라는 시계의 부품으로, 좀 더 큰 메커니즘의 단순하고 유용한 부품과 같은 성실한 시민의 하나로 끼워 맞추려 하나 성공하지 못한다. "눈으로 볼 수 없는 것을 단호하게 불신하는"(169) 호벤든 시력이 나쁘다는 사실은 그가 표상하는 기능적 인간들의 한계와 기계적 질서로 이루어진 사회 역시 리얼리티를 제대로 규명하지 못한다는 것을 보여준다.

호벤든이 은퇴한 후 간섭을 받지 않게 된 오원은 상상력을 마음껏 발휘한다. 그러나 사람들은 그가 시계를 다루는 일에 전혀 맞지 않는다는 사실을 알게 된다. 혼자 있게 되었을 때 오원은 외적 현상 뒤의 보편 질서를 발견하려는 연금술사와 실증주의 과학자가 혼합된 모습이다. 그는 천상의 세계가 조화로운 음악 소리를 낸다는 것을 증명하려고 했던 케플러처럼 이 세계에서 질서를 만들어낼 수 있다고 생각한다.

> 오원의 가장 이성적인 프로젝트 가운데 하나는 시계의 기계적인 면과 음악적 작동을 연결하는 것이었다. 그래서 삶의 모든 거친 불협화음이 음악적이 되고 모든 스쳐 지나가는 순간이 황금 방울 같은 하모니에서 과거의 심연으로 빠져들어 가도록 하는 것이었다(162).

이는 연금술사들이 물리적이고 정신적인 면에서 모든 비금속을 금으로 변화시키고자 한 집념과 비슷한 것이다. 그는 혼돈을 "조화라는 황금방울"로 변화시키고자 한다. 그의 목표는 영적인 기운과 정밀기계에 대한 그의 지식을 연결 합치시키는 것이다. 오원은 자신의 모든 "과학적 손재주"를 그의 비밀 작업 즉 아름다움의 추구에 쏟아 넣는다. 사람들은 그가 시간의 기존 개념을 고의로 뒤집는다고 생각한다. 전통적인 시간, 과거의 리듬을 나타내는 시계판을 "장례 행렬로 바꾸어놓는데 그는 자부심을 느낀다"(162). 권위와 전통적인 가정의 가치를 상징하는 시계의 표지판을 변화시키는 것은 이 시계를 사용한 옛 조상들에게 불경스러운 행위이다. 그들에겐 "시간이란 그것을 가지고 장난 칠 수 있는 것이 아니다"(162). 이 작품에는 두 개의 가치 즉 기존의 시간과 새로운 사적인 시간 개념의 갈등을 추적할 수 있다. 이 갈등은 우리가 오원을 영웅으로 혹은 바보로 간주할 수 있는 원인이 된다.

오원이 종교적 사회적 기존 시간 개념을 버리고 자신 만의 시간 개념을 형성하는 내부로 들어가는 과정은 호벤든과 그의 딸 애니, 그리고 그녀와 결혼하게 되는 대장장이 댄포스와 만나면서 구체화된다. 이 세 사람은 오원을 이해하지 못하고 그가 추구하는 바를 비난하는 물질주의적 사회를 대표한다(Fogle 99). 오원의 작업장에 이들이 들어서는 것은 그들이 오원의 영역을 침입해 들어오는 것이나 같다. 오원은 이들을 통해 물질세계, 메커니즘, 돈, 결혼과 같은 구체적이고 견고한 현실과 부딪치게 된다. 이 세 인물들과 만날 때마다 그가 작업하고 있는 나비는 매번 처음부터 작업을 시작해야 할 정도로 망가지게 되는데 이는 오원의 창작물이 존재하는 곳이 공동체가 아니라 텅 빈 허공임을 보여준다. 오원의 나비가 사회에서 존재할 수 없다는 사실은 오원의 노력이 실패로 끝날 수밖에 없음을 예고한다.

오원이 "악령"이라고 부를 정도로 혐오하는 호벤든은 오원의 창작 욕구에 부정적인 영향을 끼치는 모든 특성을 나타낸다. 그에게 쓸데없는 곳에 정신 팔지 말라고 주의를 주는 호벤든의 모습은 아들의 잘못을 나무라는 청교도 아버지를 연상케 한다. 대장장이 댄포스는 섬세하고 가냘픈 오원의 반대이다. 오원에게 없는 동물 같은 활력이 있는 그는 호벤든과 달리 물질주의의 좀 더 순진한 면을 상징한다. 호벤든이 "세속적 냉소주의"로 오원을 괴롭힌 데 반해 댄포스는 다만 오원을 이해하지 못할 뿐이다. 오원은 이 대장장이와의 부딪침에서도 자신에게로 움츠러든다. "철의 사나이" 댄포스가 완력을 자랑할 때 오원은 그런 힘이란 속된 괴물 같다고 생각한다. 연금술의 관점에서 댄포스가 상징하는 불과 오원의 에테르와 같은 기질은 완벽한 조화를 이룬다. 댄포스는 "흙과 철로 된 거친 남자"이며 연금술의 측면에서 원재료를 상징한다. 댄포스는 「반점」의 아미내댑과 유사한 인물이다. 오원은 댄포스의 힘이 그의 지성을 보완한다는 것을 생각하지 못하나, 그는 댄포스가 만들어준 모루 없이는 아이디어를 실행에 옮길 수 없다. 이 두 사람의 관계가 영혼과 물질의 보완적인 관계라는 점은 그들의 육체적 외모의 대비에서도 두드러진다. 댄포스 역시 에일머의 조수 아미내댑처럼 세상을 물리적 현상으로, 불완전한 것으로 인식한다. 댄포스는 애니를 있는 그대로 받아들임으로써 그녀를 얻는다. 이는 아미내댑이 조지아나가 본래 모습대로 있기를 원한 것과 마찬가지이다. 그러나 에일머와 오원은 여성을 정신적인 사랑이라는 추상적 개념으로 받아들인다.

그러나 오원은 에일머와는 달리 "여성을 혐오하는 사람"은 아니다. 여자에 대한 인식은 인생에 대한 것만큼이나 오원에게 절대적이다. 여자에 대한 그의 비전이 왜곡되어 있는 것은 세상에 대한 그의 비전이 그렇기 때문이다. 그는 애니를 현실적 존재로 받아들이지 못하고 그녀를 천사로, 정신적인 동반자로 생각한다. 이는 감정을 승화시키기 위해 애정을 체험할 필요가 있는 예술가의 나르시시즘이다.

이 처녀가 이 세상 누구보다도 자기를 이해하는 재능이 있다는 생각이 그의 마음에 떠올랐다. 만약에 자기가 사랑하는 유일한 존재의 공감을 얻을 수 있다면 그의 외로운 작업에 얼마나 도움이 될까(167).

오원 역시 에일머나 지오바니처럼 현실의 여자가 아닌 상상이 만들어낸 여자와 사랑에 빠진 것이다. 오원은 자신의 계획을 털어놓으며 애니가 자신의 이야기를 경청해주기를 기대한다. 그러나 그녀는 그의 창작품을 '팔랑개비'라고 할 뿐이다. 그녀는 여성 특유의 예민함은 있으나, 그녀는 다름 아닌 호벤든의 딸, 애니 호벤든이다. 현실적인 그녀의 손길은 "아주 미미한 스침"에도 오원의 나비를 망친다. 그녀가 자기에게 영감의 뮤즈가 되지 못한다는 사실을 깨달은 뒤에도 그는 예술적 성취와 그녀를 연결시킨다.

그에게는 사랑을 통해 물질을 파악할 수도, 결혼에 이를 수도, 그리고 결혼에 수반되는 성적 사랑으로 가정을 꾸릴 수 있었다. 그러나 그는 애니를 신성한 존재 곧 실체가 없는 존재로 받아들이며 그녀에 대한 사랑을 실체 없는 정신적인 것으로 변화시킨다. 이와 비슷하게 나비라는 물질을 영적 존재로 변화시키려 한다. 그녀에 대한 감정과 나비에 대한 바람은 무에서 어떤 것을, 물질에서 영혼을 만들어내려는 점에서 공통점이 있다. 그래서 그는 애니라는 미에 대한 구현체를 잃었을 때 잠시 예술적 실험이 끝났다고 생각한다. 그러나 그는 그녀를 자기와 세상을 이어주는 연결대로서 간주하며 체념하지 않는다. 이 단편 마지막 장면에서도 오원은 애니를 "섬세한 우아함을 지닌, 아름다움과 힘을 해석하는"(172) 물질과 정신의 두 영역 사이의 중재자로 여기고 있다. 그러나 결혼 후의 그녀는 "평범하고 건장한 체격을 지닌 부인"으로 변화된다.[18]

---

18) Annie가 처음 Owen의 방에 들어올 때 골무를 가지고 나타나는 점은 그녀가 평범한

그녀에게 그런 변화의 가능성이 시초부터 잠재해 있었으나 오원은 그것을 간과한 것이다.

댄포스, 호벤든, 애니와의 만남은 오원이 전통적 권위에서부터 이탈되는 과정이다. 그가 기존 권위에서 벗어나는 것은 스스로 원한 것은 아니다. 그의 곤경은 회의주의에 물들어 종교를 포기한 뒤 공허를 채우는 데 일생을 보내는 현대인의 것이다. 예술이 그의 새로운 종교가 되고 그것을 추구해가면서 오원은 그것을 보완할 자아의 의미를 구한다. 이런 면에서 이 이야기 역시 탐색(quest)의 이야기이다. 그는 물리적 여행은 하지 않으나 무의식의 변화를 겪으면서 내면의 변화를 체험하게 된다. 그는 외부 압력을 이겨내고 결국 자기 아이디어를 구체화한다. 외부의 침입에 힘을 잃고 작품을 망친 후에도 결국 그 스스로 다시 내면의 힘을 회복한다.

처음 댄포스의 방해를 받았을 때 그는 일에 태만해지고 냉담해진다. 그러나 곧 게으름에서 벗어난 그는 시계공의 일에 전념하는 듯이 보인다. 마을의 모든 시계를 고쳐주어 "규칙적인 근로일"의 기준을 지키며 세상의 가치에 순응하는 듯이 보인다. "영혼을 짓누르는 무게"가 그를 사회 질서 내에 머무르게 한다. 교회탑의 시계를 고친 그는 사람들이 갖는 시간의 의미에 동의하고 기존 시간에 복종하는 듯이 보이며 그의 기술의 예술적인 면을 포기한 듯하다. 사람들은 오원의 이런 모습을 "행복한 변화"라 하며 흡족해 한다.

오원의 변화를 칭찬하기 위해 가게에 들른 호벤든의 등장은 "오원이

가정주부가 될 것을 시사한다. 그녀는 『일곱 박공의 집』의 Phoebe, 『대리석 목양신』의 Hilda로 이어지는 뉴잉글랜드의 보수적이고 가정적인 여성상의 선구자라고 할 수 있다 (Fogle 108).

서서히 떠오르기 시작했던 상태에서 [태만이라는 원상태로] 주저앉게 만든다"(165). 오원은 자기 계획에 대한 믿음을 잠정적으로 상실하게 되지만 동시에 호벤든의 시간 개념을 완전히 버린다. 이것이 전통적 시간 개념을 지닌 사회에 대한 최종적인 저항이다. 정처 없이 자연 속을 돌아다니는 오원의 정신은 활동 중이고 사람들 눈에 그가 부지런하게 보일 때 그의 영혼은 수면상태이다. 그의 예술적 감수성은 자연과의 만남을 통해서 깨어난다. 나비를 좇으면서 어떤 순간 그에게 현실로 다가오는 "밝은 개념들"을 형상화시키기 위한 작업을 수업이 시도한다. 끈기 있고 섬세한 솜씨로 아이디어를 구체적으로 형상화하는 그는 자연의 메커니즘에 기초해서 예술품을 창조해나간다. 어느 날 갑자기 자기 앞에 날아든 나비에게서 황홀한 체험을 한 순간 이 나비는 그에게 비금속이 연금술에 의해 황금으로 변화된 것과 같은 상징성을 나타낸다. 사람들은 밤마다 일에 몰두하는 그를 미친 사람 취급한다.

등장인물이 모두 등장하는 마지막 장면은 오원과 그 적대 세력들 간의 갈등이 적나라하게 드러난다. 애니의 집을 찾아간 오원은 결혼선물로 만든 "그의 생각의 구현체"인 나비를 내놓는다. 그것은 오원의 내적 자아가 모두 표출된 것이다.

    "이 나비는 그 자체에, 나비의 비결에, 아름다움에 나의 전 존재를 흡수했습니다. 그것은 외양만이 아니라 모든 시스템에 깊이 들어있는데, 아름다움의 예술가의 지성과 상상력, 감수성 그리고 영혼을 나타내지요"(174).

오원은 이제 자기의 예술적 비전을 지키기 위해 이상화된 애니가가 필요치 않다. 나비가 애니와 거기에 있는 모든 이들을 환히 비춘다. 댄포스의 힘은 이 나비의 찬란한 아름다움에 비해 열등하게 보인다. 경이감에 사로잡혀 나비를 만져보는 그는 "이것은 모든 자연을 패배시킨다"(175)며 최상의 칭찬을 아끼지 않는다.

오원의 작품에 악영향을 끼치는 가장 큰 적은 호벤든이다. 그 나비가 물질적인 존재라는 증명이 필요한 그는 그것을 자기 손으로 직접 만져봐야 한다. 댄포스의 손 위에서 "별처럼 빛나던 광채"가 호벤든 손에서 갑자기 사라지고 날개가 펴지지 않는다. 죽어가는 나비를 살리기 위해 댄포스는 그 나비를 애니의 아기 손 위에 올려놓는다. 아이의 생명력이 지나쳐서 나비의 광채가 타는 듯하다. 그러나 그 나비를 보는 아이의 표정에는 할아버지를 연상시키는 영리함이 있다. 이를 의식한 듯 광채를 잃은 나비가 오원에게 돌아오려고 하자 그는 그것을 거부한다. 그 나비에 더 이상 할 일이 없는 그는 그것을 자유롭게 놓아준 것이다. 바로 그 순간 애니의 아이가 나비를 잡아 으스러뜨린다. 이 순간 물질세계가 정신세계를 압도하는 듯이 보인다. 그러나 호손은 두 개의 세계 모두를 제시한다. 마지막 호벤든과 오원의 만남에서 누구도 승리하지 않는다.

오원이 "일생 동안의 노력의 잔해"를 평화롭게 바라볼 수 있는 것은 나비가 그에게 중요하지 않은 단계에 그가 도달했음을 암시한다. 이는 오원의 승리를 말하는 것이기도 하다. 그는 이제 다른 이의 의견이 자신에게 중요하지 않다는 것을 깨닫는다. 나비를 완성하면서 얻게 된 정신이라는 나비가 기계로 된 파괴된 나비보다 더 중요하다는 것을 그는 깨닫는다.

오원으로서는 일생에 걸친 직업의 잔해처럼 보이는 것을 평온하게 바라보았다. 그러나 그것은 파괴는 아니었다. 그는 이것보다 다른 나비를 포착했다. 예술가가 아름다움을 성취할 수 있을 정도로 높이 솟을 때 인간의 감각이 인식하도록 만들어진 그 상징은 그의 눈에는 거의 가치가 없었다. 반면 그의 정신은 그것의 리얼리티에 대한 기쁨을 얻게 된 것이다. (177)

그는 드디어 연금술적인 면에서 보면 황금 같은 정신 상태에 도달한 것이다. 그는 비속한 물질을 황금 같은 정신적 존재로 변화시킴으로써 아름다움을 획득한다.

그러나 이 단편의 종결은 오원의 정신적 승리만을 지지하지는 않는다. 이 갈등은 호손 자신의 딜레마와 직접 연결된다. 애니 아기의 행동이 최종의 의견인 듯하며 아이의 손이 훨씬 힘이 세다. 호벤든, 애니, 댄포스는 오원의 창조물에 잠시 매료되나 그들은 확실한 실체인 아기를 훨씬 더 대견해한다. 댄포스와 애니가 낳은 이 아이는 "철의 사나이"인 아버지 같이 "쇠로 된 관절과 근육"을 지니고 있고 외할아버지처럼 영악스러우며 순진하지 않다. 애니 역시 그 나비에 대해 비웃는다는 점에서 자기 아버지와 비슷하며 그 아이의 어머니답다.

물론 애니의 아이가 파괴적이라는 위의 주장은 오원의 나비가 자연스럽다는 말은 아니다. 이 나비도 증기기관이나 애니의 아이만큼이나 기괴하다. 오원은 실용적인 것은 혐오하면서도 자연이라는 현실에서 영감을 구하고 그 영감을 그렇게 싫어하는 기계에 불어넣고자 한다. 자연의 리얼리티를 비웃을 정도로 살아있는 듯한 나비는 자연의 나비를 단순히 모방한 것이 아니고 "자연의 모든 완벽함을 구현한 이상적인 나비"(173)이다. "여름 오후 한나절이면 아이 혼자 이런 나비 수십 마리를 잡을 수 있는데 누가 나비 하나를 만드는 데 그렇게 고생을 하겠느냐?"(173)고 반문하는 댄포스나 "그 나비가 살아있는지?"만을 묻는 애니는 이 나비에 있는 기계적 요소와 자연의 요소의 혼합에 의아해 할 뿐이며 이 나비가 갖는 형이상학적 의미를 결코 이해하지 못한다. 또 이해하려고 노력하지도 않는다. 오원이 나비를 그토록 살아있는 것처럼 만든 것은 신의 위력을 흉내 내고자 했기 때문이다. 그러나 애니의 아이와 비교될 때 그 나비는 극히 미미한 존재일 뿐이다.

이 이야기의 중심이 되는 두 개의 이미지를 보면 자연과 기술의 갈등의 역설적인 본질이 나타난다. 인간의 유한함을 똑딱거리며 재 없애는 시계는 재생, 부활, 무한한 자유를 나타내는 낭만적 상징인 나비와 철학적인 대조를 이룬다(Bell 102). 나비의 심장에 시계 부속품을 사용함으로써 오원은 기술과 예술 두 영역을 결합시키려 하며 미에 대한 아이디어를 '영원한 정지'로 끝맺으려고 한다. 오원의 곤경은 예술가로서의 호손의 것과 비슷하다. 작가는 한 순간을 영원히 포착하려고 모든 노력을 다하지만 그 순간은 시간 속으로 흘러 들어갈 뿐이다.

이 단편에는 인물과 인물, 이미지와 이미지 사이의 긴장과 갈등이 해소되지 않는다. 리얼리티에 대한 호벤든과 오원의 인식의 갈등도 해결되지 않는다. 호손은 인물들의 긍정적인 면과 부정적인 면을 같이 보여준다. 댄포스는 활력은 있으나 정신적인 면이 결여되어 있으며, 호벤든은 상상의 세계에 무감각하고 적대적이지만 시계공 중에서 장인(master)으로 사회를 유지하고 움직이게 만드는 톱니바퀴 같은 사람이다. 애니는 오원의 예술적 아이디어를 이해하지 못하나 가정을 지켜주는 여자이다. 오원은 인간의 한계를 초월하고자 노력하나, 정신적으로 현실 세계와 동떨어진 세계에 살고 있으며 활력이 없고 까다로우며 비능률적이다. 이들 각자 인물들은 상대방의 진실을 무시하며 자신의 진리만을 주장한다. 호손은 모든 문제를 화해시키지도 않으며, 해결하지 않은 채로 남겨 둔다. 작가가 두 가지 관점 사이에서 동요하는 것은 리얼리티의 인식에 있어 두 가지 양식을 보여주는 것이다.

예술가로서의 호손은 연금사처럼 리얼리티 파악에는 두 가지 방식이 존재하며 어느 하나를 선택하기 위해 다른 하나를 버릴 수 없다는 것을 안다. 그의 연금술사들이 한편으로는 실증주의 과학자들인 것처럼 호손은 낭만주의자이며 리얼리스트이다. 작가는 개인이 기존 질서에 만족하지 못하고 새로 대체한 질서 역시 리얼리티의 파악에 절대적이지 못할 때, 개인의 정신세계가 궁극의 리얼리티라고 이야기한다. 제도화된 종교에 대한 반항 같은 종교적인 죄는 과학자 혹은 예술가가 기존의 권위에서 벗어나 자기 자신을 우주의 중심으로 만들려고 할 때 그것은 심리적 이기주의로 변화된다. 호손은 호벤든 가족을 통해 과학의 발달로 인해 기능화되며 감각으로 파악되지 않는, 실용적이 아닌 것에는 전혀 관심을 기울이지 않는 세계에 대한 비판을 가한다. 동시에 사회에 아무런 기여를 하지 않고, 사회 흐름에서 완전히 벗어나버린 오원과 같은 개인의 이기주의에 대해서도 비판적이다.

종교적 질서에 회의적이며 새로운 질서에도 만족하지 못한 개인은 자기 스스로의 고유한 질서를 세우는 데 노력을 기울여야 할 것이다. 『주홍글자』(The Scarlet Letter)에서 호손은 종교적, 과학적, 심리적 측면에서 각각 서로 다른 인물을 등장시킴으로써 기존의 사회 질서와 개인의 자아 사이의 충돌의 의미를 다시 한 번 총체적으로 규명하고 그리고 적대적인 사회에 파멸되지 않고 살아갈 수 있는 새로운 자아의 탐색에 초점을 맞추고 있다.

제5장

새로운 자아의 모색

『주홍글자』는 호손이 지금까지 단편에서 탐색했던 문제를 좀 더 넓은 스케일에서 철저히 논의한다. 이 소설이 개인의 자유에 대해 억압적인 청교도 사회 그리고 거기에서 비롯되는 개인의 희생, 감추어진 죄가 인간에게 끼치는 파괴성, 그리고 진리의 다양한 형태를 탐색하는 이야기라는 점에서 호손이 지금까지 다룬 단편들과 연결된다. 이 작품은 호손 단편의 마지막 작품이며 단편 가운데 최정점을 이루는 것이라고 할 수 있다(Van Doren 29). 호손은 새로운 사회를 찾아온 아서 딤스데일(Arthur Dimmesdale), 로저 칠링워스(Roger Chillingworth), 헤스터 프린이라는 이들 각각의 소외되고 고통스러운 운명을 통해서 미국 사회의 비전이 지니는 문제점을 제시하며 그 문제의 극복을 모색한다.

앞서 이야기했던 바와 같이 청교도들이 원래 지니는 엄격함과 배타성은 신세계에서 척박한 자연 환경을 극복하고 사회를 형성하면서 더욱 독단적으로 변화되어 갔다. 자연 그 사회는 조이스 로우(Joyce Rowe)의 지적과 같이 개인의 자연스러운 충동을 억누르고 사회의 규율에 저항하려는 사고와 충동을 마비시키며 그 질서에서 이탈하려는 자들을 억압하게 되었다(37). 이런 사회에 놓여 졌을 때 사람들은 과연 어떤 선택을 할 수 있는가? 호손은 지배적인 질서를 어긴 다음의 개인의 상황을 그리면서 개인과 공공의 질서가 주장하는 바를 나란히 제시한다. 호손은 딤스데일이 추종하는 청교도 사회가 제시하는 권위의 편도 아니고 억압적인 사회의 권위에 저항하는 헤스터의 입장을 받아들이지도 않는다. 그는 딤스데일, 칠링워스, 헤스터 가운데 어느 한 사람의 관점으로 보지 않으며 어느 누구도 최종적인 진리를 표상하는 인물로 만들지 않는다. 그는 진리 파악에 있어 획일적인 관점을 강요하고 인간성에 대한 공감이 결여된 사회에 대해 비판적이면서도, 그 사회의 질서를 위반하는 죄를 지은 자는 반드시 대가를 치르도록 한다.

딤스데일은 기존의 사회 질서의 억압적 규율 속에서 고민하고, 이것을 벗어나려는 노력과 그 결과의 참담함을 보여주는 인물이다. 궁극적으로 그는 기존 질서를 대표하는 사람으로 남아있게 된다. 미국 사회의 질서를 수립한 자들 곧 청교도 조상들은 신의 말씀을 생의 모든 것을 주관하는 절대적인 진리로 받아들이고 신과 약속한 계명을 어긴다거나 개인 스스로의 권위를 추구하는 행동은 신성모독이라 생각하였으며 사회 질서를 흔들리게 하는 자에 대해서 가차 없는 벌을 내리는 자들이다. 딤스데일은 이들의 강인한 의지와 무자비함이 결여된 감성적인 사람이지만, 그들이 표방한 질서와 권위에 절대 복종하는 인물이다. 열정으로 인해 과거에 사회 규범을 어긴 적이 있으나 그는 자신을 싸고 있는 권위의 울타리를 뛰어넘지 못한다.

종교적 믿음을 구심점으로 기존의 질서를 따르는 자들과 다른 종류의 새로운 인간들은 과학의 혁명과 함께 오게 된다. 이들은 종교를 근간으로 하는 전통적 권위에 회의적이며 대담한 지성과 진취성이 그들의 가치 척도이다. 계몽화된 연금술사, 실증주의자가 이 범주에 속하는 사람들이다. 칠링워스는 이런 부류의 사람이다. D. H. 로렌스(D. H. Lawrence)는 칠링워스가 중세의 로저 베이컨(Roger Bacon)과 르네상스 시대의 프랜시스 베이컨(Francis Bacon)이 합쳐진 인물이라고 하나 중요한 것은 그 역시 권위주의자라는 사실이다(105). 이 두 남자는 남성적 권위를 지키고 자기 자신을 보호하기 위해 헤스터 혼자 모든 사회적 수모와 고립을 당하도록 내버려둔 사람들이다.

진리에 대한 자신들의 해석이 옳다고 믿는 딤스데일과 칠링워스는 자신이 주장하는 바를 다른 사람들이 받아들이도록 주장한다. 그러나 그들은 가부장제 밖의 질서에 관해 관심이 없기 때문에 자신들의 믿음에 객관적 관점을 지니지 못한다. 딤스데일이 영혼을 통해 삶을 이해하려는 신앙이라는 좁은 범주 안에 살고 있다면 칠링워스 역시 지성으로 생을 파악하기 때문에 그의 시야가 제한되어 있다. 그들의 공적 질서는 그들을 지탱시켜주기 때문에 그 질서와의 관계를 끊을 수가 없다. 이 두 남자는 내적 자아를 부인함으로써 보호하려고 했던 자신을 결국에 가서 파괴시킨다. 다른 사람들과의 상호작용에 참여하지 못하고 고립되어 있는 이들은 "인간 존재의 여정에서 길을 잃고 헤매는 사람"(66)이 되어버린다. 딤스데일은 정신적 방황과 고통을 겪게 되며 칠링워스는 충동적이며 악마 같은 인간으로 변해간다. 이는 사회적으로 보면 확고한 신앙의 사회에서 모든 가치 체계가 불확실한 사회로 변화되는 현상이며, 개인의 차원에서는 온전한 정신을 잃고 미쳐가는 것이다.

인간의 영혼과 육체를 치료한다고 한 딤스데일과 칠링워스는 헤스터가 겪는 불행의 원인과 책임의 일부가 자기들에게 있는데도 그녀에게 아무런 도움을 주지 않고 내버려둔다는 점에서는 아이러니컬하다. 이 두 남자들이 자신들의 본래 모습을 대외적으로 숨김으로써 자아를 파괴하고 그들이 신봉하는 권위에 의해 희생되는 데 반해, 자기의 치부를 모든 이들 앞에 드러낸 헤스터는 사회 규범이 부여하는 제약을 극복한다. 그녀만이 자아의 어두운 심연을 목격한 후에 살아남는 인간이다. 그녀는 가부장제 사회의 규범을 인정하지 않으면서도 희생당하지 않고 존재하는 방식을 습득한다. 위의 두 남자들이 고통에 의해 그들의 사고가 점점 폐쇄적이고 배타적으로 변화되어 결국 파멸되는 데 반해 헤스터는 고통에 의해 강해지며 삶에 대한 그녀의 비전은 점점 깊고 넓어지게 된다.

그러나 호손이 헤스터를 전폭적으로 지지하는 것은 아니다. 그는 이 세 인물이 제각기 지지하는 질서 곧 종교적 질서, 과학적 질서, 그리고 자기 개인만의 질서를 통해 진리의 여러 다양성을 제시한다. 사회가 지지하는 질서와 개인이 주장하는 권리, 그리고 그것들 간의 반목을 보여주면서 하나의 진리가 다른 견해를 지닌 편에서는 그것이 얼마나 무의미한가를 보여준다. 이런 서술의 테크닉은 리얼리티에 대한 모든 관점과 해석이 나름대로의 의미가 있으면서 동시에 어떠한 것도 궁극적 의미를 지니지 않는다는 사실을 보여준다.

1. 구질서의 추종자 – 아서 딤스데일

사회와 구성원 간의 관계 탐색이라는 주제를 논의하면서 딤스데일을 맨 먼저 다루는 것은 의미가 있다. 그는 지배적인 사회 질서를 지지하는 사람이기 때문이다. 그러나 그는 사회 질서를 지지하면서도, 그 질서를 지키는 데 실패한 아버지이며 좌절당한 아들이기도 하다. 그는 로빈 몰리네이면서 몰리네 대령 같은 면, 루빈 본, 굿맨 브라운 같이 아들과 아버지로서 실패한 모습을 지니고 있다. 그의 내면세계에는 권위에 대한 두 개의 관점, 아버지와 아들의 관점 사이의 긴장이 일어난다. 사회적 권위에 대해 무의식적인 회의를 지니면서도 자기 정체성의 근거인 믿음의 체계를 완전히 거부할 수 없는 아들로서 딤스데일은 이 소설이 시작되기 전 간통을 저질러 기독교적인 율법을 위반한다. 이 소설은 도덕적 범죄로서 간통에 초점을 맞추는 것이 아니라 감히 공개적으로 거부할 수 없는 사회적 규율을 어긴 사실이 목사인 딤스데일의 심리적 딜레마를 어떻게 몰고 가는가를 보여준다.

낮에는 소위 성자처럼 지내고 밤에는 스스로 만들어낸 악마에게 시달리는 딤스데일은 견디기 어려운 이중의 삶을 살아간다. 로버트 슐만은 헤스터와의 경험이 여린 성격의 딤스데일이 강압적인 사회 사이에 아슬아슬하게 유지하고 있던 균형을 깨트렸다고 지적한다(191). 딤스데일이 본래의 자기를 인정하고 헤스터와의 관계를 밝힌 다음 그 책임을 받아들일 수 있었더라면 이중생활에서 비롯되는 극심한 고통을 겪지 않아도 되었을 것이다. 그러나 그에게는 자신의 열정적인 부분을 대외적으로 인정할 수 있는 용기가 없다. 그는 진실보다 목사로서의 자존심이 더 소중했기 때문에 처형대 위의 헤스터 곁에 서지 못한다. 본능적인 자아를 인정하지 못하는 그는 자아의 의미를 종교라는 사회의 지배적 질서에서 찾기 때문에 거기에 근거한 정체성을 포기한다면 그를 지탱시켜 줄 수 있는 것이 아무 것도 남지 않게 된다. 대외적 자아를 버린 다음 자신과 맞닥뜨리지 못하는 그는 위선자가 될 수밖에 없다. 교회 권위를 지지함으로써, 교구민들의 칭송에서 자기 존재의 안정감을 얻는 그는 교구민들의 정신적인 아버지라는 역할을 잘해낸다. 교구민들 앞에서 순수하고 도덕적인 이미지를 유지해야 하는 그는 자신의 정상적인 욕망과 육체적인 자아를 억눌러야만 한다. 인간으로서 정상적인 욕구를 눌러 그는 사회의 가장 영향력 있는 목사가 되지만 펄(Pearl)이라는 자기 아이의 아버지로서는 비참하게 실패한다. 그는 펄을 거부한다. 그 아이를 받아들이면 그의 대외적 이미지가 손상되며 전 존재의 지반을 상실하게 되기 때문이다. 이런 맥락에서 해롤드 카플란(Harold Kaplan)은 딤스데일의 내면에는 전통적 권위에 의해 강화된 공적 자아와 맞아 들어가지 않는 개인적 자아 사이의 갈등이 있다고 말하고 있다(132). 결국 이 두 자아의 갈등은 딤스데일을 죽음으로 몰고 간다.

종교라는 지배적인 사회 질서에 대해 거의 절대적인 믿음을 지니고 거기에 복종함에도 불구하고 「시장」("The Market Place")에서의 그의 모습은 목사 제복과 종교적 열정이라는 표면 아래 본래의 자신을 억누르는 사람의 그것이다.

그의 용모는 뛰어나게 수려했고, 희고 훤칠한 이마에 우수에 잠긴 둥근 갈색의 눈을 가졌다. 그리고 그의 입은 꼭 다물려 있을 때 외에는 언제나 떨리어 신경질적인 감수성과 굳은 의지력을 표시하고 있었다.

이렇듯 타고난 재능과 학자다운 교양을 지니고 있음에도 불구하고, 이 젊은 목사는 수심에 차있고 놀란듯하며 거의 공포에 사로잡힌 듯한 표정이 있는, 길을 잃고 인생행로를 헤매고 있는 듯한 표정이었다. … 자기 직책이 허용하는 한도 내에서 그는 그늘진 길을 걸었으면 소박한 어린이 같은 생활을 했다. 그러다가도 기회가 있어 대중 앞에 설 때면 청신하고 향기 높은 이슬 같은 순결한 생각을 지니고 있어서 여러 사람들이 말하듯이 그의 말은 마치 천사의 말처럼 들렸다(72).[19]

입술이 떨리는 것을 막기 위해 입을 꾹 다물어야 할 정도로 감정이 불안하고 예민하며 가까스로 자신을 자제하고 있는 그는 내면의 진실을 충분히 인식하고 있으면서도 대면을 두려워한다. 그는 양심의 가책을 느낄 때마다 손상된 내면의 자아에서 대외적 자아를 구하기 위해 더욱 열정적으로 교구민의 귀에 "이슬과 같은 순수한" 설교를 한다. 그는 설교라는 베일로 감싼 자신의 내적 자아의 고백을 통해 "인간성의 좀 더 깊은 곳에 대한 통찰"을 함으로써 교구민들에게 깊은 감동을 준다. 마이클 스몰(Michael Small)이 평한 바대로 그의 언어는 그를 드러내기보다는 그를 감춘다(121). 그는 교구민들이 자신에 대해 갖는 이미지대로 살려고 최선의 노력을 하지만 그렇게 할수록 고립감은 깊어간다.

칠링워스와의 만남은 딤스데일에게 사회 질서와의 관계를 재고해 볼 기회를 준다. 처음에 그는 칠링워스와의 대화에 매료된다. 지금까지 그가 체험하지 못했던 새로운 지적 세계를 맛보았기 때문이다. "그 두 사람은 윤리와 종교, 공적인 일 그리고 사적인 일과 같은 모든 화제를

---

[19] 『주홍글자』의 페이지 표기는 Nathaniel Hawthorne, *The Scarlet Letter*, New York: A Signet Classic, 1959에 준한다. 이후 페이지만 표기함.

토론한다"(123). 헤스터가 그에게 감정과 본능의 무한한 자유를 보여준 것처럼 칠링워스는 금기 없는 지적 자유로움을 제시한다. 딤스데일은 자기와는 다른 인식 방법의 가능성에 잠시 끌리게 된다. 그로서는 사제나 지사와 같은 기존 엘리트층이 아닌, 과학자라는 칠링워스가 그런 정도의 해박한 지식을 지닌 점이 놀랍다.

그러나 딤스데일은 삶에 대해 자기와 다른 관점을 얻을 수 있는 가능성에서 머뭇거리다 다시 종교라는 자신의 거처로 후퇴해버린다.

> 딤스데일 씨는 진정한 목사이며 진정한 종교가였다. 신을 공경하는 마음이 아주 발달하였고 신앙의 길을 굳세게 가며, 시간이 경과함에 따라 더욱 더 그 길을 깊이 파헤쳐 가는 그런 사람이었다. 어떤 사회 상황에서도 그는 소위 자유주의자가 되지는 못했을 것이다. 그는 언제나 신변에 신앙의 압력을 느꼈고 그 강철 같은 틀 속에 갇혀 그 지지를 받지 않으면 근본적인 마음의 평화를 누리지 못했다. 그럼에도 불구하고, 그가 일상대화를 할 때의 지성과는 별개의 지성으로 우주를 관찰함으로써, 가끔씩 구원을 느끼며 기쁨에 떨기까지 하였다. 마치 자유로운 공기가 창구멍을 통해 밀폐된 서재로 불어오는 것 같았다. ... 그러나 그 공기는 너무나 맑고 싸늘하여 오랫동안 순순히 마실 수는 없었다. 그래서 목사는 교회에서 정통이라고 인정하는 세계로 물러나고 말았다(122).

그는 자신의 한계 밖으로 나가 자기 행동을 객관적으로 인식할 수 있는 가능성이 있었으나 다시 자기 세계에 안주한다. 이런 딤스데일의 모습은 권위에 대한 호손의 모호한 태도를 보여준다. 호손은 권위가 개인 자아를 지탱해 주는 점에는 긍정적이고 "그것이 인간을 강철 같은 구조 내에 가두어 둔다"는 점에는 부정적이다. 딤스데일은 "평소 이야기를 나누는 사람들보다 지성이라는 다른 매체를 통해 우주를 봄"으로써 다른 세계로 나가보려고 시도해보지만 그 새로운 세계는 그가 받아들이기에는 너무나 생경하다. 결국 그는 자신의 내면세계의 상징이랄 수 있는 폐쇄되고 답답한 그의 서재와 같은 세계로 후퇴한다. 그의 서재는 폐쇄적인 딤스데일의 성격을 잘 드러낸다.

거처는 거기에 사는 이들의 내면을 엿보게 할 뿐 아니라 그들과 사회와의 관계를 이해하는 데 도움이 된다. 딤스데일과 칠링워스의 차이는 그들의 공간을 살펴보면 두드러진다. 칠링워스가 실험실에서 편안할 때 딤스데일은 구약의 일화를 그린 고블린(Gobelin) 벽걸이가 걸린 서재에서 안식처를 찾는다. 딤스데일이 자신을 벌하는 서재는 구약의 간통한 인물들, 다윗(David)와 바세바(Bathsheba), 그리고 그들을 비난하는 판관인 나탄(Nathan)이 그려진 벽걸이로 꾸며져 있다. 이 책들과 벽걸이는 딤스데일이 자기의 행동을 구약 예언가들의 관점으로 판단하고 있다는 것을 암시한다.

딤스데일이 파멸로 나아가는 모습을 보여주는 「마음의 내부」라는 장에서는 그의 마음 내부로 관점이 옮겨진다. 딤스데일의 파국은 칠링워스가 그의 비밀을 발견한 후 "그가 자기 주위에 어떤 악마와 같은 존재를 직감으로 느낀"(137) 다음 일어난다. 종교가 절대적 의미를 지니는 딤스데일은 자기 죄를 기독교적 신화를 통해 규명하며 자신을 단죄한다. "죄를 지은 자아"를 대외적으로 인정하지 못함으로써 그는 살아있는 괴물 같은 모습으로 변하게 된다. 위선적인 자신을 벌하기 위해 한밤중에 벌거벗은 몸을 회초리로 피가 나게 때리며 발작적으로 웃는 그는 괴물 같은 모습 바로 그것이다. 심적 고통으로 잠을 이루지 못한 그가 보게 되는 환상은 그가 생각하는 위계질서를 나타낸다. 헤스터가 처형대 위에서 보았던 환영들이 그녀가 처한 현실을 인정하기 위한 하나의 준비이며 그녀가 처형대 위에 서 있는 것은 그녀 일생에 비추어 볼 때 필연적일 수밖에 없다는 것을 설명해주는 데 반해 그는 환영 속에서 자기 죄의식을 투사한다. 그는 환영 속에서 "성자와 같이 찌푸린" 얼굴로 자기 아들을 보는 "수염이 하얀"(141) 그의 아버지는 청교도 조상의 모습이다. 이 독선적이고 준엄한 청교도 조상 같은 모습의 사람들은 "딤스데일의 더 좋은 부분을 너무나 오랫동안 가두어 두었던"(188) 강철 같은 인간들이다. 어머니의 사랑은 가부장제의 사회에서는 별 힘이 되지 못한다. "자기 아들에게 연민의 눈길을 던져주어야만 했던"(141) 그의 어머니는 슬픈 얼굴을 아들에게서 돌려버린다.

딤스데일은 어머니가 이렇게 지나간 뒤 헤스터를 상상한다. 이것은 그녀가 그의 어머니 역할을 대신하고 있음을 암시한다. 숲에서 헤스터가 그에게 다른 곳에서 다시 시작하도록 권할 때 "자기를 위해 결정을 해달라"(187)는 그의 태도, 마지막 처형대 장면에서 그를 안아주는 헤스터의 모습은 딤스데일에게 그녀는 연인이라기보다는 어머니 같이 보인다. 아버지의 권위가 주는 책임을 떠맡는 것을 두려워하는 그는 자기를 아이로 대해주는 어머니와 같은 인물이 필요하다. 자신이 아이와 같은 존재이기 때문에 아이를 어른답게 다루지 못하고 두려워한다. 숲에서 만난 펄이 그에게 화를 내며 그를 인정하려 하지 않을 때 딤스데일은 아이를 무력하게 바라볼 뿐이며 "만약 나를 사랑한다면 아이를 달래라"(199)고 헤스터의 도움을 청한다. 데이비드 레번츠(David Leverntz)는 딤스데일이 직접 아이를 다루려고 하지 않고 자신을 사랑한다면 아이를 달래라는 말은 그가 아버지의 역할을 여전히 회피하는 것을 의미하며 "만약(if)"이라는 이 말은 헤스터에 대한 흥정이며 위협이라고 지적한다 (560). 아이를 달래는 능력에 따라 그녀의 사랑을 측정하겠다는 말이다. 마지막 장면에서 그가 헤스터라는 어머니 같은 인물을 향해 비틀거리며 갈 때 아버지 같은 존 윌슨(John Wilson)의 손길을 뿌리친다.

"단순하고 아이와 같은" 상태로 남으려는 딤스데일의 행동은 긍정적으로 해석될 수 없다. 왜냐하면 이것은 자기 운명의 책임을 받아들이지 않고 아이로 남아있기를 원하는 그의 욕구를 보여준다. 그는 딱딱하고 준엄한 어른의 세계와 교회의 율법에 순응해갈 수 없는 변덕스럽고 여린 아이의 모습을 감추고 의식적인 자아가 용납하지 않는 자신의 한 면을 벌주기 위해, 목사라는 공적인 의무를 더욱 성심껏 수행한다. 용납할 수 없는 자신에게 벌을 가하는 행동은 그의 진면모를 드러내는 마지막 장면에서 완성된다.

대외적 이미지에 자신을 맞추는 딤스데일은 목사라는 공적 아버지 역할에 더욱 열심히 매달린다. 단 하나의 진실을 추구한다고 하여 자신을 합리화시킴으로써 그는 자신을 통해 "참된 진실"이 "진짜 거짓"으로 쉽게 변화되는 것을 보여준다. 이런 그의 모습은 진실과 거짓이 서로 비슷한 출발점을 지닌다는 것을 보여주며 선과 악의 구별이 지극히 어려운 것임을 암시하는 것으로 보인다. 그의 혼돈된 마음이 상상하는 환상들은 어떤 면에서는 그가 사실이라고 생각하고 있는 것보다 더 사실적이다.

그럼에도 불구하고 그 환영들이 어느 의미에서 이 목사가 접촉하는 것 가운데 가장 진실하고 가장 실체를 갖춘 존재들이었다. 하느님이 정신의 기쁨과 양식을 삼으시려고 마련해주신 우리 주변의 모든 물체로부터 그 골수와 실체를 빼앗아버리게 됨은, 딤스데일 목사와 같이 거짓의 생활을 하는 사람에게는 말할 수 없는 불행이었다. 진실치 않은 사람에게는 온 우주가 거짓이며 만져볼 수도 없는 물건이며 손에 잡으면 주먹 속에서 오므라들고 만다. 그리고 그 자신도 거짓된 빛 속에서 서면 그는 실체 없는 그림자에 불과하게 될 뿐 아니라 사실상 존재치 않는 결과가 된다. 정말로 딤스데일 목사에게 이 지상의 존재를 계속 가능하게 만드는 유일한 진실은 그의 깊은 영혼 속에 들어있는 고민과 그 얼굴 위에 역력하게 나타나는 고민의 표징이었다(142).

"깊은 영혼"의 고통은 그의 전 존재를 사로잡는다. 세계를 천사와 악마의 싸움터로, 자신을 악마의 전리품으로 생각하는 그에게는 기독교의 기본적인 교리, 즉 신의 용서가 이제 존재하지 않는다. 그는 "속죄를 위한 고행(penance)은 했지만 참회(penitence)는 하지 못했다"(183)는 것을 헤스터에게 털어 놓는다.

진실을 밝히지 못하는 그는 모든 사람들과의 유대관계로부터 자신을 분리시킨다. 사람들에게 자신의 진면모를 드러내는 것은 그로서는 기존 질서의 한계를 넘어서는 것이다. 자기 한계를 넘지 못하는 그는 진정한 발전이 보이지 않는다. 죽어가는 그에게 헤스터가 자기들 두 사람이 내세에서 같이 지낼 수 있는가를 물어볼 때도 그는 여전히 "쉬(hush)"라고 할 뿐이다. 숲 속에서 헤스터가 자신들의 행동에 속죄를 했다고 주장할 때 그가 "쉬"라고 했듯이 여전히 헤스터의 호소를 무시한다. 그는 헤스터에게 "우리는 죄를 지었다"고 하며 "그런 생각은 그녀 마음 속에

나 두라"(239)고 하늘의 법을 상기시켜 준다. 그의 두려움은 죄를 용서하지 않는 준엄한 구약의 신의 세계로 그를 몰고 간다.

딤스데일의 신은 헤스터의 신과 다르다. 신에 대한 그의 인식은 편협하고 이기적이고 자기중심적이다. 그는 고통을 자비로운 신이 그에게 가져다 준 축복으로, 칠링워스를 자기를 괴롭히기 위해 신이 보낸 "유혹자"로 본다. 그는 "신은 자신의 고통에서 신의 자비를 증명하였다"(239)고 생각한다. 그는 고통이나 "승리에 찬 치욕스러운 죽음(the death of triumphant ignomity)"(239)으로 자기 존재를 확인하고 신의 자비를 입증할 수 있다고 생각한다. 그는 이러한 시련 때문에 더욱 신을 찬양한다.

딤스데일의 마지막 행동은 그의 심리 상태에 비추어 보면 신이 그에게 보낸 최후의 축복으로 생각할 수 있으나 그것은 단지 목사의 관점일 뿐이다. 하나의 현상에 여러 개의 해석을 동시에 제시하는 호손의 수법은 이 목사가 하는 행동의 진지성을 의심하게 한다. 자신의 죄를 공중 앞에 드러내는 클라이막스 장면에서 그의 연극적인 제스처는 그가 교구민들에게 또 한 번의 설교를 하고 있는 것이 아닌가 생각하게 만든다. 그의 행동에 대한 이와 같은 해석은 딤스데일이 도덕에 대한 하나의 우화로서 그런 죽음을 택했을 거라는 "대단히 존경 받는 증인들"이 하는 것이다. 교회의 영향력에 여전히 집착하는 동료 목사들의 관점은, 밝은 대낮에 드러난 그의 가슴 위의 주홍글자가 보여주듯이 목사가 "거짓의 죄로 얼룩진 먼지와 같은 존재"(241)에 지나지 않을 거라는 짐작과 대등하게 제시된다. 뿐만 아니라 호손은 딤스데일이 지사 당선 축하설교에서 주장하는 것을 전혀 뒷받침하지 않는다. 잭슨 시대의 진보에 관한 신념을 반영하는 "새로 만들어진, 신이 사랑하는 민족의 고상하고 영광된

장래"(232)를 피력하는 그의 설교는 다가올 미래의 위대함을 주장하나 그가 처한 상황은 그의 연설을 거짓으로 만들어 버린다. 그는 존 P. 맥윌리엄스가 평하고 있듯이 의지가 약한 위선자일 뿐 아니라 "미국 사회를 어둡게 한 청교주의의 암흑을 지닌 세대의 선구자"이다(60).

처형대 위에서 행한 딤스데일의 고백과 행동에 다양한 해석이 제시된 것은 그곳에서 일어났던 모든 일에 대해 의심하게 만든다. 그래서 인간의 인식 능력이나 이 목사가 그의 전 존재를 맡긴 종교적 권위에 대해서도 확신을 할 수 없게 된다. 이러한 서술 방식은 게리 레인(Gary Lane)이 지적하는 바와 같이 리얼리티를 파악한다는 것이 얼마나 어려운 것인지를 깨닫게 한다(324). 딤스데일이 한 밤의 처형대 위에 서 있을 때 하늘에 나타난 불분명한 A자에 관한 해석 역시 모든 사람들이 다르게 해석한다. 딤스데일은 하늘에 나타난 형상을 신이 자기에게 보낸 메시지로 해석한다. 이에 관해 호손은 위성이 떨어지는 것이 그렇게 해석되었다고 코멘트한다. 개인의 "혼돈스런 정신상태"는 그의 이기적인 마음을 주변세계에까지 확대시켜 객관정 현상을 주관적으로 왜곡시킨다는 것이다.

> 한 개인이 그 자신 혼자에게만 주어진 계시를 그 광대한 두루마리 위에서 발견했다면 우리는 뭐라고 할 것인가? 이런 경우는 아마 아주 혼란스러운 그 사람의 정신 상태를 말하는 하나의 징후에 불과할 것이다. 사실상 오랫동안 비밀스런 고통에 시달리는 사람이 병적인 자기 망상에 빠져 결국 자기중심적인 생각을 자연계 전체에까지 넓히고 이내 하늘 전체가 자기 영혼의 이력과 운명을 기록하기 위한 종이쪽지에 불과한 것으로 생각하게 된다는 것은 가능한 일이다.(150)

혼란에 빠져 자연 현상을 제멋대로 해석하는 딤스데일의 모습은 자신의 두려움과 초조함을 숲의 정경에 투사하는 굿맨 브라운이나 마른 나뭇가지가 부러져 아들의 시신 위에 떨어지는 것을 신이 보낸 메시지로 해석하는 루빈 본과 흡사하다. 이들 행동에서 주목해야 될 점은 개인의 심리 상태가 진리의 인식에 영향을 미친다는 점이다. 자연 현상에 대한 딤스데일의 해석은 죄책감에서 비롯되는 "그의 눈과 마음의 질병"에 기인된다. 그 "A"는 인간이 임의대로 해독할 수 있는 것이 아니다. 딤스데일이 진짜로 혹은 거짓으로 어떤 현상을 인식했다는 것을 확신할 만한 근거가 없다. 그러나 점점 쇠약해지는 그의 정신 상태에 비추어 볼 때 그의 해석을 어떤 현상을 해석하는 최종의 권위로 받아들여서는 안 될 것이다.

딤스데일이 겪는 혼란 상태는 숲 속에서 헤스터를 만난 뒤 마을로 돌아오면서 심화된다. 그의 내부에는 권위에 대한 서로 다른 가치 곧 교회라는 대외적인 가치와 그의 본능적인 자아가 가장 첨예하게 갈등을 일으킨다. 숲과 마을은 체험과 인식에 대한 두 개의 서로 다른 영역을 가리킨다. 헤스터와 딤스데일은 숲 속의 만남에서 잠시나마 사회의 억압적인 질서에서 해방된다. 여태까지 헤스터와 저지른 과오를 제외하고는 보편적으로 용납된 법의 범주를 넘어선 적이 없던 그는 "사회의 수반"으로서 사회의 "제재조치, 원리 그리고 편견"(190)까지도 긍정적으로 인식하며 자신을 기꺼이 목사라는 틀 속에 가두어 놓았다. 숲에서 헤스터와의 만남은 그를 잠시나마 사회의 질서로부터 벗어나게 해준다.

헤스터가 뉴잉글랜드의 청교도 사회에서 벗어나 다른 곳에서 새로운 삶을 시작하자고 했을 때 딤스데일은 잠시 동조하는 듯하다. 이런 모습은 칠 년 전 탈선했던 때의 그의 모습을 상상하게 만든다. 그의 비극의 일부는 공적 임무를 수행하는 데 필요한 정신의 균형을 유지할 수 없다는 점이다. 공적 자아와 사적 자아를 따로 분리해 유지할 수 있다고 생각하는 그는 자신을 속이고 있다. 호손은 "어느 누구도 그런 상태를 오랫동안 지탱할 수 없다"(203)고 한다. 외적 자아와 내적 자아 사이의 대립은 그의 파멸을 의미한다. 지금까지 그의 내적 자아는 외적 자아에 억눌려 왔었다. 숲에서 마을로 돌아오는 길의 딤스데일은 숲에서 밤을 새고 돌아오는 브라운처럼 리얼리티와 상상을 구별하지 못한다. 그는 동료들과 교구민들을 의심스럽게 바라본다. 집사에게 욕지거리를 건네고 늙은 과부에게는 성경을 왜곡시키며 어린 처녀를 유혹하며, 아이들에게 욕을 가르치는 자신을 상상한다. 그는 이런 자기가 사탄에 사로잡힌 것으로 생각한다. 마음속으로 술에 취한 선원이나 히빈스 부인(Mrs. Hibbins)과 자기를 연결시켜 본 그는 이것이 상상만으로도 자유롭고 놀라운 체험이다. 이런 상태가 딤스데일에게 타락으로만 생각될 수 없다. 왜냐하면 이는 자신의 내면의 자아에 가까이 다가갈 기회가 되기 때문이다. 그가 자기 내적 진실을 인정할 수 있다면 이 혼돈은 퇴보가 아닌 진전으로 해석될 수 있다.

    그러나 그는 결국 종교라는 권위의 틀 뒤로 몸을 숨긴다. 그는 헤스터와 함께 다른 곳으로 도망갈 수 없다. 어느 곳으로 가든지 그는 청교주의를 버릴 수 없기 때문이다. 자기 방으로 돌아가 성경을 찾는다. 그는 이틀 전에 쓴 지사 당선 설교문을 버리고 다시 쓴다. 그는 숲에서 "다른 사람이 되어서 돌아왔기 때문이다"(210). 숲의 체험은 그에게 냉엄한 진실을 가르쳐준다. 그는 자신이 더 이상 내적 자아를 감추고 대외적 질서에만 맞추어 살아갈 수 없고, 그러나 헤스터의 제안을 따를 수도 없다는 것을 분명히 깨닫는다. 결국 그는 자신의 모든 것을 고백한 뒤 자신이 확신하는 권위에 몸을 맡긴다. 지사 당선 축하설교를 성공적으로 마친 다음 딤스데일은 헤스터와의 약속을 저버리고 그가 얘기한 "승리에 찬 치욕스러운 죽음"을 택한다.

2. 신질서의 추종자 — 로저 칠링워스

딤스데일과 헤스터가 죄를 저질렀음에도 불구하고 그들이 작가와 독자들의 동정을 얻고 있는 데 반해 이야기가 시작되기 전까지 죄를 짓지 않은 칠링워스는 "가장 큰 잘못을 저지른 자"로서 비난을 받는다. 앞의 두 사람이 고의가 아닌 열정으로 죄를 저지른 반면, 칠링워스는 스스로 선택해서 죄를 지은 사람이기 때문이다. 딤스데일, 헤스터, 칠링워스 모두에게 공통으로 나타나는 고립과 소외가 칠링워스에게 가장 강하고 어둡게 나타나며 고립 상태에서 비롯되는 손상이 가장 파괴적이다.

칠링워스는 자신이 의존하던 권위가 더 이상 도움이 되지 않고, 혼신을 다해 탐색하던 대상이 사라짐에 따라 존재의 의미를 잃고 허무하게 죽는다. 그 역시 목사처럼 자신의 내적 자아와 마주치는 것을 두려워한다. 딤스데일이 종교에서 그의 보호처를 구하는 반면 칠링워스는 지적인 연구와 실증과학을 통해 자아의 지반을 구한다. 이 두 남자들은 사고의 추상적 체계를 만들어 자신의 구체적 삶의 요구를 부인하려 한다. 그러나 이 두 사람은 끊임없이 솟아오르는 내면의 자아를 완전히 억누르지 못하기 때문에 실패한다. 도덕적 율법이나 분석적 사고에 의해 저지되었던 자아의 어두운 면은 결국 승리자로서 나타난다. 목사라는 공적인 직책에 대한 딤스데일의 긍지와 열정, 탐색의 대상에 대해 집요하게 추적하는 칠링워스의 태도는 그 지나침으로 인해 그들의 온건한 자아의 형성을 방해한다. 그들은 사회적으로 인정받는 제도화된 권위 내에 자신들의 불안한 자아를 수용시키려 노력하지만 그들의 억눌린 감정은 항상 예기치 않게 폭발한다. 그들을 보호해 주었던 이기주의는 결국 그들을 파괴시킨다.

"인간 신체의 탐색"이라는 그의 실증적인 방법은 청교도들의 사고와 구분된다. 그는 인간의 육체를 청교도들처럼 영혼이 깃들어 있는 것으로 보는 것이 아니라 "놀라운 장치"로 여긴다. 인디언에게 잡혀 있던 일 년 동안 그는 약초에 대한 여러 실험을 하여 원래 유럽에서부터 지니고 있던 지식에 방대한 새 지식을 보태게 된다. 옥스포드라는 학문의 출처가 확실한 딤스데일과는 달리 그의 지식의 출처는 의문인 채로 남아 있다. 식물과 의학에 관한 실증적인 지식은 종교라는 기존 사고 체계와 다른 새로운 것이기 때문에 칠링워스는 사람들에게 수상한 사람으로 인식된다. 과학과 심리학에 대한 지식으로 자기 세계의 중심이 된 그는 라파치니 박사처럼 스스로 만든 세계의 작은 신이다.

그는 연금술사에서 실증과학자로 변하고 있는 르네상스 시대의 과학자의 모습을 보여준다. 그는 "고대 의약의 사용법"(120)에 대한 광범위한 지식을 지니고 있다. 그는 고대의 유명한 연금술사 패러셀서스(Paracelsus), 킹 케넬름 딕비(King Kenelm Digby)를 연구해 왔으며 신비한 처방을 하는 것으로 알려져 있다. 인디언의 광야는 그에게 약초의 실험장, 라파치니 박사의 정원이 되었다. 연구에 대해서는 금기 없는 지적 자유로움으로 그는 폐쇄적인 청교도 사회의 요주의 인물이 된다. 그가 어디서 왔는지 몰라 더 의심하는 마을 사람들은 그의 위력에 대해 공포와 두려움을 갖는다. 그가 유명한 마술사이자 의사인 포먼(Forman)의 동료라는 소문이 떠돈다. 사람들은 그의 실험을 마법(Necromancey)과 연결시킨다. 딤스데일과 같이 살기 시작한 후 흉하게 변해가는 그의 외모에 대해 사람들은 그가 하는 실험 때문이라며 그가 "지옥에서 실험실의 불을 가져왔다"(126)고 수군거린다.

사람들이 칠링워스에 대해 갖는 편견을 이 작품 전체에 걸쳐 나타난다. 종교적 질서가 아닌 새로운 질서를 신봉하는 이러한 인물은 안정되고 폐쇄적인 사회에 위협적이다. 화자는 "교육 받지 않은 대중이 그들 눈으로 보려고 할 때 그들은 속게 되기 십상이다"(125)고 그들의 비이성적인 태도를 지적한다. 이 사람들은 자기들이 이 의사를 싫어하는 이유를 논리적으로 설명하지는 못하지만 칠링워스에게서 무엇인가 기이한 것을 직감으로 느낀다. 이는 칠링워스의 탐색 방법과 정반대의 것이다. 화자는 이들의 직감에는 실증적 방법이 지니지 못한 장점이 있다는 것을, 그리고 이 의사에게 이상한 면이 있다는 것을 암시하지만 리얼리티의 파악에 어떤 인식 방식이 더 우월하다고는 말하지 않는다. 과학과 심리학의 갈등이 선과 악의 갈등으로 축소되어버릴 때 딤스데일의 관점으로 세상이 보이게 된다.

> 요약하자면 아서 딤스데일 목사는 기독교 세계의 다른 성인들과 마찬가지로, 악마 자신이나 또는 로저 칠링워스라는 외형을 빈 악마의 사자에 의해 고통을 당하고 있다는 등등 여러 견해가 널리 퍼진 것이었다. 이 악마의 대리인은 잠시 동안 하느님의 허가를 얻어 목사와 친교를 맺고 그를 타락시키려는 것이다. 지각 있는 사람들은 이 투쟁에서

이기리라고 생각되는 목사가 당연히 영광을 차지하여, 변화된 모습으로 다시 나타나기를 확고부동하게 기대했다. 그러나 한편, 이렇게 투쟁하여 승리를 거둬들이면서 필연적으로 받아야하는 치명적인 고통, 이것을 생각하면 슬펐다. 아! 저 가여운 목사의 눈 속에 깃들어있는 우울함과 공포의 표정으로 판단하자면 그 투쟁은 격심하고 또 승리도 확실하지 않았다(126).

여기의 "지각 있는 사람들"은, 실증적 의미의 지각 있다는 뜻이 아닌, 이 사람들은 목사와 의사와의 관계를 도덕적 힘의 우화적 투쟁으로 보고 전통적 의미에서 선의 승리를 확신한다. 그러나 이 소설의 화자는 이런 낙관적이고 너무나 단순화시킨 결과를 부인한다.

칠링워스는 어떤 무엇보다도 과학에 대한 믿음이 강했으며 그런 강한 믿음이 그가 체험했던 자아의 결여를 메워주었다. 과학자로서의 소신은 그의 젊은 시절 학문적 성취와 연구에 중요한 의미가 있다. 그가 헤스터에게 인생의 대부분을 진지하고 사색적인 세월로 보내며 "인생의 모든 것을 인간의 복지의 발전에 충실하게 바쳐왔다"(166)고 얘기했듯이 그는 보편적인 과학자였다.

이렇게 인생을 보내왔다는 칠링워스가 무엇이 잘못되었는가? 그의 행동을 자세히 살펴보면 그가 딤스데일에게 몰두한 이후 객관성을 잃고 자기중심적이 되어간 것을 알게 된다. 객관성을 잃게 되고 왜곡되기 시작한 그는 더 이상 과학의 객관적 진리를 신봉하는 사제가 아니다. 딤스데일의 괴로움이 연구 과제가 되어감에 따라 그는 점점 미신적이 되고 자기중심적으로 변해간다. 이런 모습은 그에게 원래 자아에 대한 확신이 없었다는 것을 암시한다. 그는 과학의 힘으로 자신 삶에 일관성을 부여하고 과학이라는 새로운 권위 뒤에 자신의 정체를 감추고 있었던 것이다.

> "나는 사색적인 인간이었고 커다란 도서관에서 책에 파묻혀 사는 사람이었소. 꿈과 같은 지식의 갈증을 채우기 위해 인생의 좋은 시절을 다 보내고 이제 늙은이가 된 몸, 이런 내가 당신처럼 젊고 아름다운 여인에게 무슨 소용이 있었겠소. 날 때부터 불구로 태어난 몸이 젊은 처녀의 눈에 그 육체적 불구를 지적인 재능으로 감출 수 있으리라고 어떻게 내 자신을 속일 수 있었는지 모르겠소 (78)"

마치 딤스데일의 죄의식이 그를 내적 자아를 가릴 수 있도록 열성적인 종교 지도자로 내몰았듯이, 칠링워스가 가지는 자신에 대한 열등의식은 그를 학문 연구에 열중하게 만든 중요한 요인이 된다. 칠링워스는 자기 존재의 확인을 위해 다른 사람의 사랑이 필요하다. 그는 결혼을 통해 부족된 자아를 보완하려 했던 것이다. 감옥에서 만난 헤스터에게 "차갑고 쓸쓸한 자기 마음에 불을 지펴줄 사람이 필요했다"(79)고 하는 탄식은 이런 사실을 드러낸다. 존재의 확인에 필요한 여자를 빼앗아 간 젊은 남자에 대한 복수심에 사로잡혀 그는 과학적 지식을 복수에 사용한다.

칠링워스는 딤스데일을 괴롭히기 위해 고의로 헤스터와의 관계를 숨긴다. 그러나 그는 자기가 증오하는 사람들과 관계를 끊을 수가 없다. 자기에 대한 비밀을 지켜달라고 하면서도 그는 결코 헤스터를 떠나지 않을 것을 다짐한다. 감옥에서 만난 헤스터에게 "당신과 그 남자는 나의 것이고 당신과 그 사람이 있는 곳이 내 고향이다"(80)라고 단언한다. 윌리엄 비시 스타인의 말대로 칠링워스에게 헤스터는 그를 세상과 연결시키는 고리이다(106). 헤스터의 정부를 밝혀내겠다는 다짐을 할 때 지식의 탐구는 마치 물질의 소유와 동일시된다. 인디언들에게서 풀려나 식민지 정착촌으로 온 첫 날 처형대 위에 서 있는 헤스터를 본 그는 "그[아이의 아버지]는 밝혀질 것이다"(79)고 세 번이나 스스로에게 다짐을 한다.

딤스데일을 만난 뒤 칠링워스는 지식을 객관적인 사실의 파악에 사용하는 것이 아니라 이 목사를 손아귀에 넣는데 사용한다. 그는 이 목사의 정신적인 부조화가 육체적 질병의 본질적인 원인임을 짐작한다. 칠링워스는 호손의 모든 인물 가운데 "영과 육의 이상한 공감상태"에 대해 가장 예민하게 파악하는 사람이다. 그는 딤스데일의 비밀을 자기가 추구해야 하는 탐색 대상으로 인식한다. 그는 판사나 목사들이 그녀의 정부를 밝혀내지 못하더라도 "자기는 그들과는 다른 감각으로 탐색해갈 것"(80)을 헤스터에게 장담한다. 사실을 밝혀내는 데 자기의 과학적 능력을 신뢰하나 그는 인간의 마음에 실증적 방식을 적용하는 실수를 저지른다. 그는 "책 속에서 진리를 찾듯이, 연금술로 금을 찾아내듯이"(80) 딤스데일의 비밀을 캐들어 간다. 그가 지닌 통찰력과 예민함을 이용해 "인간 심성의 성역"을 거침없이 파고 들어간 것이다. 다른 사람의 자아를 파괴하는 이 같은 행동을 그는 객관적 진리를 발견하려는 과학적 방식이라 생각한다.

그러나 딤스데일 가슴 위의 A자를 발견했을 때 그가 기뻐하는 모습은 사탄이 영혼 하나를 그의 수중에 넣었을 때의 모습 그것이다. 그가 목사의 비밀을 발견한 후 그에게 조금이나마 남아있던 객관적인 과학자로서의 관찰자 역할은 끝이 난다. 그는 이제 목사의 정신세계를 조종하는 이가 되어 목사를 "마술사의 지팡이에 매단 것처럼"(137) 마음대로 한다. 목사를 놓아 달라는 헤스터의 간청에 그는 자기에게는 "용서할 수 있는 힘이 없다"(167)고 거절한다. 모든 것을 자기 의지와 지성의 힘이 아닌 운명으로 돌림으로써 과학적 탐구의 기본이 되는 자유 의지를 포기한 칠링워스의 모습은 딤스데일을 만나기 전 객관적이고 초연한 학자의 모습과는 거리가 먼 것이다.

결국 그는 자신을 받쳐 줄 수 있는 아무런 권위의 뒷받침이 없이, 그리고 딤스데일이라는 탐색 대상도 없이 벌거벗은 자신과 대면하게 된다. 복수에 전념하는 동안 그는 딤스데일만큼이나 자신을 자제할 수 없는 인간이 되어버렸다. 딤스데일의 분노와 열정이 신학적 측면에서 악마적이라면 칠링워스의 분노의 폭발은 과학적이고 객관적인 사고와는 완전히 동떨어진 것이다. 그도 역시 딤스데일처럼 복수에 대한 자신의 집착과 자기의 내적 존재를 사람들로부터 감춘다. 그가 처음 처형대 장면에 나타나 헤스터를 보았을 때 "뱀이 얼굴 위를 지나가듯 끔직한 공포가 나타나지만"(167) 곧 깊은 곳에 감정을 숨긴다. 그러나 딤스데일이 마음의 고통을 교구민들에게 완전히 숨길 수 없었듯이 오랜 세월 겪은 심적 고통이 이 의사를 "영혼이 붉게 타고 있는"(165) 듯이 안광이 번쩍거리는 악마의 모습으로 변하게 만든 것을 감추지 못한다. "한때 인간적 심성을 지녔던 사람"이 다른 이의 마음을 분석하고 괴롭히는 데 칠 년을 보낸 후 악마 같은 존재로 변한 것이다.

딤스데일이 죽은 후 그는 생의 모든 근거를 잃는다. 탐색 대상이 사라짐에 따라 그 자신 역시 생의 의미를 상실한다. "복수의 추구와 그것의 체계적인 실행을 자기 인생의 원리"(240)로 삼았던 그가 그 대상이 사라진 후 모든 활력을 잃는다. 그가 헤스터에게 "당신이 가엾다, 당신의 좋은 점이 허비되어 버리는 것 때문에"(167)라고 한 말은 그녀에게 보다는 칠링워스에게 더욱 해당된다. "복수에 열중함으로써 [그는] 헤스터의 수준 아래로 내려온" 반면 "힘들고 엄격한 시련에 의해 강해진 헤스터는 격상되었기 때문이다."(161) 그는 자기의 정체를 사람들에게 밝히거나, 아니면 이 마을에 나타났던 것처럼 조용히 떠날 수 있었다. 자기 합리화로 끔찍하게 변한 그의 모습은 "모든 것에 제약을 가하고 조건을 붙이는 사회에 대한 가장 좋은 답이"(39)라고 조이스 로우는 지적한다.

딤스데일이 모든 사람들 앞에서 자기 죄를 고백하려는 순간 칠링워스는 목사를 필사적으로 말린다. 그의 만류를 뿌리치고 고백을 한 뒤 숨을 거둔 딤스데일 곁에서 그는 "나에게서 그가 도망쳐 버렸군"이라고 중얼거리며 "생명이 떠나버린 듯 무감각한 얼굴"(238)로 앉아 있다. 이는 그의 정신의 침묵이며 말 그대로 죽음을 의미한다. 그는 마치 "뿌리가 뽑힌 잡초가 말라져 버리듯 메말라 시들어 사라져 버린다"(242). 호손은 딤스데일의 죽음에 뒤이은 칠링워스의 죽음이 마치 사랑하는 이의 죽음으로 인한 자아의 상실과 같다고 한다.

증오와 사랑이 근본적으로 같은 것이냐 아니냐 하는 것은 흥미로운 관찰과 연구의 좋은 주제이다. 어느 쪽이든, 애증의 감정이 극단적으로 발전하여 그 극한점에 이르면 양자가 모든 인간의 심정에 대한 극도의 지식을 전제로 하게 된다. 양자는 모두 한 인간에게 애정과 정신적 삶의 양식을 상대방에게 의존하도록 만드는 것이다. 그러다가 그 애정과 증오의 대상이 소멸하고 말면 열정적으로 사랑하는 사람이든 혹은 열정적으로 증오하는 사람이던 간에 쓸쓸하고 적막해지는 것이다. 그러므로 철학적으로 고찰할 때 이 두 가지 열정은 결국 본질적으로 동일한 것이 아닐까(242).

이 두 사람의 운명은 사랑의 또 다른 얼굴이라고 할 수 있는 증오의 끈으로 연결되어 있었던 것이다. 칠링워스의 죽음은 인간이 불안감과 자아에 대한 회의를 가려주는 외적 대상을 잃었을 때 빠지게 되는 절망과 같은 것이다.

칠링워스와 딤스데일은 모든 외적 자아를 상실한 후 알몸으로 사람들 앞에 설 수 없다. 뿐만 아니라 자신들의 견딜 수 없는 자아의 심연을 인정할 수도 없다. 정체성의 근원인, 강철처럼 조여주는 질서와 권위의 틀 그리고 자신의 부족한 자아를 메워주는 대상, 이 둘을 다 잃게 되었을 때 그들은 인간에게 가장 확실한 궁극적 심연 즉 죽음으로 추락하게 된다.

3. 새로운 자아의 설정 – 헤스터 프린

딤스데일과 칠링워스가 그들의 자아를 지탱시켜준 외적인 대상과 질서의 의미를 상실하고 파멸로 나간 데 반해, 헤스터는 모든 것을 잃은 뒤 자신의 현실을 인정하고 새로운 자아를 모색함으로써 자기에게 적대적인 사회에서 살아남는다. 그러나 그녀는 사회가 여자에게 요구하는 정도를 넘어서는 강함과 풍요로움 때문에 사회로부터 고립되며 사회와 연결된 고리를 상실한다. 사회의 가장자리에 존재하며 자기 마음을 제외하고 어디에서건 위안과 편안함을 얻을 수 없는 그녀는 자기 자신과 정직하게 만날 수밖에 없다. 헤스터만이 자신의 참을 수 없는 자아의 심연을 본 후에도 살아갈 용기가 있으며 남성지배의 능률과 실용성만이 지배하는 사회를 대체할 수 있는 인물이다. 이 작품이 갖는 위대함이란 그녀의 강인함에서 나온다. 자신에 대한 확신과 새 세상에서의 새로운 도덕을 믿었기 때문에 그녀는 인간적 사회적 편견에도 불구하고 정신적 위대함을 얻을 수 있었다.

획일적이고 가부장적인 사회에서 헤스터에게 살아갈 용기와 동기를 부여하고 행동의 폭을 주는 것은 그녀의 죄가 아니고 그녀가 한 아이의 어머니라는 사실이다. A자와 함께 딸 펄은 언제 어디서나 항상 헤스터와 있으며 그녀의 전부를 의미한다. 딸에 대한 사랑이 오랜 시간 동안의 소외 상태에서 그녀를 지탱해주며 부분적으로나마 감정을 표출하게 해줌으로써 그녀를 파멸로부터 막아준다. 그녀에게 펄은 "유일하게 사랑받을 수 있는 주홍글자"(112)이며 "그녀를 살아있게 하는 보물"(83)이다. 그녀는 자기의 모든 것을 포기하는 비싼 값을 치르고 얻은 아이의 어머니가 됨으로써, 그리고 A라는 글자에 자신만의 의미를 부여함으로써 가부장적 권위를 대체한다. 창조적이며 애정이 풍부한 어머니라는 점이 헤스터를 남성과 여성의 기존 틀에서 벗어나 있으면서도 홀로 서 있게 지탱해준다.

헤스터에게 펄을 빼앗아 신심 깊은 사람에게 맡기려는 펄의 후견인 결정 논의는 그녀에게 가해지는 가부장적 사회의 압박과 어머니로서의 그녀의 갈등을 가장 첨예하게 드러낸다. "종교와 법이 거의 동일한" 사회에서 "종교와 통치의 좀 더 엄격한 원리"(110)를 존중하는 사람들은 그 아이를 다른 부인에게 맡겨 키우는 것이 자기들 임무라 생각한다. 그들은 그런 조치가 아이의 영혼을 구제하고 헤스터에게 더욱 무거운 벌을 줄 수가 있다고 여긴 것이다. 그 곳의 지도자들은 이 두 모녀의 삶이 서로 간의 사랑 속에서 존재하는 그들의 감정적인 필요성을 이해하지 못하는 사람들이다.

헤스터는 지사를 위시한 소위 그 사회의 지도자들에게 자신과 딸의 특별한 관계에 대해 강력하게 호소한다. 이 아이가 자신과 다른 사람들을 이어주는 유일한 끈이며 "자신의 삶을 지탱해주는 존재"임을 그녀는 피력한다. 자신의 주장이 효과가 없자 그녀는 딤스데일에게 자기를 변호해 달라고 요청한다.

> 저 대신 뭐라고 말씀 좀 해주세요. 당신은 과거 제 목사님이셨고 제 영혼을 책임지셨던 분입니다. 그러니까 이분들보다는 저를 더 잘 아실 테니까요. 전 이 아이를 빼앗길 수 없습니다. 저를 위해 말씀 좀 해주세요! 당신은 이분들이 가지지 못한 동정심을 가지고 계신 분이니까 제 마음 속을 잘 아실 거예요. 또 어미로서의 권리가 무엇이며, 아이와 주홍글자 밖에 남지 않은 어미의 마음이 얼마나 강하다는 것도 알고 계실 겁니다. 이 간청을 꼭 들어주세요! 전 이 아이를 빼앗기지 않을 것입니다. 제 청을 꼭 들어주세요!(113)

헤스터가 공개석상에서 한 유일한 이 말은 생명과 같은 아이를 빼앗기지 않겠다는 강한 의지의 표명이다. 그녀의 요청에 딤스데일은 "이 아이는 그녀의 축복이기도 하지만 그녀에게 과거의 잘못을 계속 일깨워주는, 그녀 가슴을 찌르는 고통도 된다"(114)는 점을 거기 있는 사람들에게 상기시켜 헤스터를 돕는다. 독단적인 교리에 의해 움직이는 사회가 그 교리를 이탈했던 헤스터에게 가하는 압력을 드러내는 이 에피소드는 그녀

새로운 자아의 모색   171

가 공공의 질서와는 맞아 들어가지 않는다는 사실을 보여준다.

헤스터는 "본능적으로 자신이 자연의 지지는 받고 있으나 인간들이 만든 율법의 지지는 받지 못한다는 것을 알고 있다"(102). 그녀의 이런 야성적이고 제어되지 않는 강한 성격이 바로 그녀를 다른 여자들, 곧 가부장적인 사회에 복종하며 살아가는 여자들과 구분 짓게 한다. 로버트 슐만은 이런 강한 자연적 특성이야말로 칠링워스의 실증과학만큼이나 폐쇄되고 억압적인 사회에 위협적이라고 말한다(191). 헤스터 같이 사회 질서를 이탈하는 여성들에게 "강철 같은 모습"의 여성들이 남자들보다 더 잔인하고 엄격하다. 시장터에서 헤스터가 벌 받는 것을 보고 있던 여자들 중 하나는 남자가 아닌 여자들이 헤스터와 같은 죄인을 다루어야 한다고 주장한다. 이들 여자들은 소설 말미에 헤스터가 예언하는 남성적 권위에 대별되는 부드럽고 어머니 같은 여자들이 아니고 남성적 권위에 굶주린 여성들이다. 그 가운데 가장 못생긴 여자는 "모든 여인들에게 수치를 가져다 준 이 여자[헤스터]는 사형에 처해져야 한다"(59)고 주장한다. 이들은 자신들을 구속한 가부장적 제도에 의존하여 같은 여성을 박해함으로써 남성들의 힘에 접근하고자 한다. 중년이거나 갱년기를 지난 류머티스를 앓는 이들은 어머니로서의 기능을 상실한 후 남자들처럼 사회 질서를 이탈한 자에 대해 비판하는 것 외에는 이 폐쇄된 사회에서 힘을 얻을 방법이 없음을 알고 있다. 헤스터에게 동정적인 유일한 여자는 아이를 안고 있는 젊은 여자라는 점이 중요하다. 헤스터는 남성 위주의 가부장적 체제에서는 아무런 지지를 얻지 못한다.

이렇게 자신에게 적대적인 사회에서도 헤스터는 소위 마녀와 마귀라 불리는 반사회적 세력에 동조하지 않는다. 헤스터는 자기와 함께 숲으로 가자는 히빈스 부인에게 "만약 그들이 아이를 빼앗아 가면 그 때는 기꺼이 숲으로 가 악마의 책에 이름을 올리겠어요"(116)라고 대답한다. 어머니라는 사실이 그녀를 영원한 저주에서 구해준 것이다. 세일럼의 마녀 재판에서 죽음을 당하는 히빈스 부인은 헤스터처럼 사람들로부터 소외되어 있다. 히빈스 부인과 같은 마녀(witch)와 마귀(wizard)의 반사회적 태도는 딤스데일이 추종하는 청교도의 가부장적 사회의 산물이다. 억압당하는 이단자들 역시 천사와 악마의 힘의 투쟁 안에 존재한다. 이들은 이 사회에서 금지된 지하 세계의 힘을 탐색해 그들 나름의 힘을 갖고자 한다.

사회가 보는 식으로 자신들을 생각하는 이들 마녀들은 사회 구조의 정당성을 간접적으로 인정함으로써 가부장제의 도덕적 체계를 초월하지 못한다. 지배적인 가치에 대항하는 데 마술을 사용하는 그녀는 헤스터에게 험담을 했던 중년 부인들과 같은 부류라고 말할 수 있다. 이 부인네들이 권위에 접근할 수 있는 방법은 이탈자에 대해 남자들만큼 박해를 가하는 것이라 할 때 히빈스 부인은 권위에 다가가는 방법으로서 마술을 사용한 것이다. 다락 창문에서 심술궂은 얼굴을 내밀고 있던 히빈스 부인이 오빠 벨링햄 지사(governor Bellingham)의 불빛이 다가오는 것을 보고 "재빨리 등을 끄고 사라지는"(145) 모습은 강력하고 엄격한 오빠의 저택 내에 갇혀 거기에서 빠져 나오기를 간절히 원하는 여자와 같은 인상을 준다. 히빈스 부인은 남성 우월적인 오빠와 같이 사는 정신 이상자일 지도 모른다. 사람들은 그녀의 옷자락을 스치는 것을 두려워할 정도이나 사실 히빈스 부인은 소외된 과부거나 갱년기 증상을 겪는 히스테릭한 부인에 불과할지도 모른다. 그러나 그녀는 후에 마녀재판에서 마녀로서 처형된다. 가부장적인 권위는 그것을 추종하지 않는 이들에게 얼마나 더 억압적일 수 있는가? 노처녀, 심술궂은 갱년기 부인, 마녀와 같은 부정적인 인간은 가부장적인 사회가 만들어낸 왜곡된 인간들이다.

헤스터와 히빈스 부인은 서로 다르면서도 공통점이 있다. 둘 다 고도로 발달된 직감을 가지고 있다는 점에서 그렇다. 이 직감은 다른 이들의 마음속에 숨어 있는 죄와 위선을 알아차릴 수 있게 한다. 헤스터가 가슴에 달고 있는 수치의 표식은 그녀에게 "다른 이의 가슴 속에 숨어 있는 죄의 인식"(89)을 하게 한다. 히빈스 부인 역시 누가 숲에 갔었고 악마와 친교를 이뤘는지를 안다는 소문이 있다. 그녀는 사회의 지도자들의 위선을 잘 알고 있다. 헤스터와 히빈스 부인 둘 다 공통적으로 죄에 대한 직감을 지니며 사람들에게서 소외되어 있으나, 사회에 대처하는 태도로 인해 한 여자는 마녀로 처형되고 다른 한 사람은 비록 조건부이나 마을 사람들의 긍정적인 시선을 받게 된다. 마을 사람들이 히빈스 부인의 기괴한 행동과 언행에 점점 더 충격을 받는 반면 헤스터에게는 점점 더 부드러운 태도를 갖게 된다. 헤스터를 받아들이는 집은 비록 궂은 일이 있는 집으로 한정되었으나 마을 사람들은 "가난한 자를 돕고 고통당하는 사람들에게 편안한 그녀를 우리의 헤스터, 우리 마을의 헤스터"(157)라고 하며 긍지를 갖게 된다.

마을 사람들은 그녀를 자기들 모두의 공동의 재산으로 생각하게 된다. 그러나 그들은 그녀의 과거 행동을 잊지도, 용서하지도 않는다. 헤스터의 자선에 대해서는 긍정적으로 보면서도 그녀와 어떤 친밀한 관계를 용납하지 않는다. 그녀 역시 마을 사람들에게 자기를 받아달라는 아무런 요구도 하지 않기 때문에 그녀는 조건부로 받아들여진다. 헤스터가 자비의 수녀(a sister of mercy)와 같은 세월을 보낸 뒤 그녀의 A자는 경멸과 냉소의 상징에서 "일종의 성스러움"(157)의 의미를 갖게 된다. 이런 변화에도 불구하고 그녀의 자발적이고 생기 있는 삶을 그 글자가 흡수해버림으로써 한 인간으로서의 그녀의 자아를 추상화해버린다. 마을 사람들은 그녀를 자기들의 사고에 맞는 유형, 즉 수녀로 받아들인다. 마을 사람들에게 자연스러운 인간으로 받아들여지지 않는 그녀는 여전히 홀로 소외되어 있다. 결혼이라는 인습에서 벗어나 있는 헤스터는 가부장제 사회에서 자신의 위치를 규명하려고 노력할 필요가 없다. 딸을 제외하고는 잃을 게 없는 그녀는 사회에 타협하여 순응할 필요를 느끼지 않는다. 그녀는 딤스데일과 칠링워스를 몰아세우는 힘의 투쟁에 참여하지 않는다. 숲에서 만난 딤스데일이 "주홍 글자를 공개적으로 달고 있는" 헤스터가 "마음속에 그 글자가 타고 있는"(183) 자기보다 더 행복하다고 한 말은 어느 면에서는 타당성이 있다. 그녀의 정신세계에는 사적 자아와 대외적 자아 사이의 대립에 의한 상처도, 위선의 위협도 없다.

"마을 외곽에 자리 잡은"(84) 헤스터의 오두막을 둘러싼 자연의 풍경 즉 숲과 바다는 그녀의 정신 상태를 나타낸다. 그녀의 집은 문명사회와 자연 사이의 완충지대이며 유동적인 그녀의 정신세계를 보여주는 상징이다. 리차드 브로드헤드(Richard Brodhead)는 헤스터의 가장 멋있는 점은 그녀의 개방성에 있다고 말한다(63). 그녀의 이런 개방성은 문명화된 사회의 굳어있고 딱딱한 이미지와 대조된다. 해변가의 그녀의 집은 "서쪽으로 향한 숲으로 둘러싸인 언덕에 바다를 내려다보고 있다"(85). 선원들과 인디언들과도 아무런 거리낌 없이 대화를 나누는 그녀는 지사 당선 축하 행렬이 진행되는 시장에서 선원들과 아무 스스럼없이 이야기를 나눈다. "육지 사람들을 속박하는 법을 아무 주저함이 없이 어길 수 있던"(218) 당시 선원들과 헤스터 사이에는 일종의 공감대가 있다. 그녀와 친밀한 또 하나의 영역은 숲이다. 숲에서 그녀는 편안함을 느낀다. 그러나 숲은 바다와 마찬가지로 자유스러운 동시에 위험한 장소이다.

인간 사회보다 바다와 숲과 같은 자연에 더 친밀함을 느끼는 헤스터에게 동정적이면서도 호손은 자연의 것과 인간적인 것, 그리고 자기 행동에 책임지는 것 사이에는 차이가 있음을 지적한다. 헤스터가 사회로부터 고립되는 원인의 일부는 사회에 있으나, 또 한편으로는 열정적 성격에서 비롯된 그녀의 과오로 인한 것이다. 고립된 처지가 그녀를 더욱 강하고 용기 있는 여자로 만들어 주었으나 그녀의 강함은 작가에 의해 비판되기도 한다. 인간은 결국에는 사회 속에서 살아야 한다는 것을 주장하는 호손은 헤스터의 이런 혁신적인 면을 전적으로 지지할 수는 없었을 것이다.

사회 질서에 대한 헤스터의 태도는 그녀의 생에 긴밀히 관련된 두 사람 딤스데일과 칠링워스와 비교해보면 더욱 분명히 규명된다. 그녀가 어느 곳이든 거침없이 왕래하는 행동의 자유와, 자유롭고 싶은 욕망을 지닌 점에서는 칠링워스와 비슷하다. 그러나 칠링워스에게는 헤스터와 같은 열정이 없다. 호손은 칠링워스가 원래는 나쁜 사람이 아니었으며 아내를 빼앗긴 남자라고 하고 있지만 그의 냉정한 마음은 헤스터와 딤스데일을 용서하지 못하고 목사를 악랄하게 괴롭히는 데서 잘 드러난다. 의사와 마찬가지로 목사 역시 아량이 부족하다. 칠링워스의 정체를 자기에게 밝히지 않았다고 "용서할 수 없다"(185)고 헤스터에게 화를 내는 딤스데일의 모습은 그의 이기적이고 좁은 마음을 드러낸다. 헤스터 역시 목사와 같은 보수적인 면을 지니고 있다. 이러한 면은 그녀를 자유롭게 만들면서 동시에 한정시키는 어머니라는 역할에서 비롯된 것이다. 어머니로서 그녀는 딸에게 교리문답을 가르쳐야 하고 부모의 의미를 가르쳐야만 한다. 어머니로서 그녀는 펄에게 전통적인 교리문답을 통해 기본적인 도덕교육을 할 필요를 느낀다.

그러나 헤스터와 딤스데일은 같은 점보다 다른 점이 훨씬 더 두드러진다. 이 두 사람의 차이는 두 사람이 숲에서 만났을 때 더욱 분명해진다. 본래 용기와 능동적인 정신을 지니고 태어났던 그녀가 사회로부터 오랫동안 소외당한 뒤 그녀의 정신은 "목사에게는 너무나 이질적인 사고방식에 익숙해져 있었다"(189). 그녀는 인디언들만큼이나 사회 질서와 규율을 존중하지 않는다. 로버트 슐만은 호손이 헤스터의 혁신적인 기질에 대응되도록 딤스데일의 보수적 성향을 주의 깊게 그리고 있음을 지적한다(191). 헤스터의 이상이 가장 개인적인 관계를 "전체의 넓은 세계"를 수용할 수 있는 가장 넓게 확산된 가능성과 연결된다면 딤스데일의 이상은 전통적인 기독교적 신앙이라는 사회적으로 규명된 공간에 뿌리를 두고 있다.

헤스터의 이런 강하고 개인적인 성격에 대해 호손은 모호한 태도를 취한다. 그의 이런 태도를 로버트 슐만은 19세기 미국 사회에 대한 호손 자신의 모호한 입장과 연결시킨다.

> 호손 혹은 이 소설의 화자는 계속해서 우리에게 헤스터의 고집스런 에너지에 대해 경고한다. 끊임없이 자기의 표면적인 순응을 거짓으로 만드는 헤스터의 참회 거부와, 호손이 믿으면서도 거부할 필요를 느

끼는 [사회의] 도덕적이며 정신적인 개혁을 조롱하는 그녀의 에너지에 대해 경고한다(195).

호손은 딤스데일이 추종하는 교회라는 제도의 경직되고 독단적인 면과 칠링워스가 의존하는 과학세계가 갖는 냉정함이라는 부정적인 측면을 보여줬듯이 헤스터가 나타내는 자유가 갖는 부정적인 면을 제시한다. 그녀가 달고 있는 "주홍 글자가 다른 여자가 감히 가지 못하는 곳의 통행증이 되었지만"(190) 바로 그 사실이 헤스터를 한없이 방황하게 만든다. 절망에 빠진 "그녀는 여자의 생에 대한 신의 의도는 과연 무엇인가? 여자의 생은 과연 받아들일 만한 가치가 있는 것인가?"(159)라는 의문을 던진다. 호손은 "수치, 절망, 외로움이 헤스터를 강하게 만들었으나 바로 그것들이 그녀에게 많은 것을 잘못 가르쳤다"(190)는 점을 지적한다. 호손은 "준엄하고 슬픈 진실" 즉 "죄가 인간 영혼에 만들어놓은 상처는 인간의 상황에서는 결코 지워지지 않는다"(191)는 점을 분명히 한다. 호손은 인간이 문명이라는 사회의 질서를 설립해가는 과정과 어긋나는, 사회 질서를 잠식시킬 수 있는 헤스터의 개인주의와 자유가 지니는 부정적인 면을 들춰낸다. 헤스터의 비극이란 인간은 행복을 가질 권리가 있다는 사고에 너무 집착한 데서 왔다는 것이다. 그러나 작가는 헤스터가 혼자 이겨낸 체험이 딤스데일은 감히 바랄 수도 없을 정도로 그녀를 강하게 만들어 주었다는 점을 간과하지 않는다.

헤스터는 이 자유를 사회 구성원으로부터의 철저한 외면과 그로 이한 고립이라는 희생을 치르고서 얻었다. 그러나 그녀는 자신의 내적 자아를 충만하게 실현시켰지만 그녀 자신이 속한 사회에는 유령 같은 존재로 겉돌 뿐이다. 그녀는 자신이 몸담고 있는 사회와 연결대가 없다. 그 사회를 언제든지 떠날 수 있던 그녀가 그 곳에 남은 가장 큰 이유였던 딤스데일과도 아무런 관계를 맺지 못하는 것을 통감한다. 그녀는 같이 유럽으로 도주하기로 논의한 후 주지사 선거일 행렬에서 자기 앞을 지나가는 딤스데일이 사회에 대한 책임감에 휩싸여 있는 것을 본다. 그리고 "목사와 자신이 아무런 진실한 유대 관계가 없음을 느낀" 그녀는 "그들 상호 간의 관계에서 딤스데일이 완전히 물러서버리는 것을 용서할 수가 없다"(224). 내면을 깊이 묻어두고 살아가는 "그녀의 얼굴은 마치 가면처럼 얼어붙어 있으며 죽은 사람의 얼굴"(213)과 같아 그 표정의 의미를 누구도 알아낼 수 없다. 호손 역시 딤스데일과 칠링워스가 헤스터에게 그랬듯이 그녀를 침묵시킨다.

> 그러나 그녀와 사회의 교섭에서 그녀로 하여금 자기가 사회에 속해 있다는 느낌을 줄만한 일은 아무것도 없었다. 그녀가 만나는 사람들의 태도, 말씨, 심지어는 침묵까지도 그녀가 이 세상으로부터 추방당한 사람이라는 점을 암암리에 또는 공공연하게 말해주었다. 그녀는 마치 딴 세계에 사는 사람이거나 아니면 보통 사람들과는 다른 기관이나 감각에 의해 인간의 공통된 세계와 관계를 맺는 고독한 신세였던 것이다. 그녀는 겉으로 보기에는 인간사의 이해관계에서 멀리 고립해 있었지만, 실제로는 아주 가까운 곳에 위치해 있었다. 이것은 낯익은 난롯가를 다시 찾아오는 유령이, 사람들의 눈에 띄지도 않고 느껴지지도 않는 것과 마찬가지였다(87-8).

숲에서 딤스데일을 만났을 때 그녀는 마치 유령처럼 보이며, 딤스데일의 지사 당선 축하설교를 듣고 있을 때의 그녀 모습은 마치 조각 같다. 헤스터의 이런 침묵을 부정적으로만 간주할 필요는 없다. 그녀의 행동은 그녀가 순응할 수 없는 사회의 법과 권위에 동의하지 않으면서 로저 윌리엄스나 앤 허친슨 부인처럼 추방되거나 히빈스 부인 같이 죽음을 당하지 않고 그 공동체 안에서 살아나가는 존재의 한 방식이다. 이런 침묵은 권위를 쥐고 있는 자들과 충돌을 피하지만 그들의 법에 굴복하지 않고 그녀 나름의 태도를 고수하도록 한다. 소설의 첫 부분 처형대 장면에서 정부 이름을 밝히라는 추궁에 동요하지 않고 침묵으로 대응하는 것에서도 알 수 있듯이 이 침묵은 그녀 스스로 자신에게 부과한 것이기도 하다. 감옥에서 아기를 안고 나오는 헤스터는 조용하지만 단호하게 간수의 손을 뿌리치며 오만하게 보이는 태도로 군중들 앞에 나선다. 마을 사람들은 그녀의 요지부동의 침묵을 오만과 저항으로 해석한다. 그들은 치욕을 당하고 있는 이 여자가 자신을 재판하는 사람들과 맞서 저항할 수 있는 힘과 용기를 지니고 있음을 느낀다. 헤스터는 다른 이들에게 어떠한 욕도 하지 않으며 자기 생각을 남에게 강요하지도 않는다. 아이 아버지의 이름을 밝히기를 거부한 후 그녀는 침묵을 자신의 규율로 삼고 살아간다. 칠링워스에게 비밀의 맹세를 깨겠다고 예고한 행동과 그리고 딤스데일에게 남편의 정체를 밝히는 것 모두 헤스터가 스스로 설정한 기준에 준거하여 행동한 것이다.

　헤스터는 A라는 글자에 자신만의 사적인 의미를 부여함으로써 마을 사람들을 침묵하게 만든다. 마을 사람들은 "낡은 상징"에 흥미를 잃기 시작하고 그 글자는 그 사람들이 부여했던 원래 뜻이 아닌 다른 의미를 띠게 된다. 헤스터는 이제 그녀의 수치스러운 행동이 무덤 저 너머에까지 지속되는 죄에 대한 살아있는 설교가 아니다. 헤스터가 "여성의 약함과 죄스러운 열정의 이미지"를 나타내는 "보편적 상징", "바빌론의 탕

녀"(110)가 되리라는 사람들의 예측은 잘못된 것이다. 그녀를 대하는 사람들의 태도는 부드러워져 "증오는 사랑으로 변화되어 간다"(110). 마을 사람들의 변화에도 불구하고 헤스터는 고립된 위치에서 한 발자국도 나서지 않음으로써 자존심을 지킨다. 그것이 더 이상 필요하지 않을 때에도 그녀는 A자를 자기 존재의 표시로 강조한다. "가장 엄격한 판관"이 헤스터에게 그 글자를 떼어내도 좋다는 허락을 했을 때에도 그녀는 마치 자기가 그 글자에 새겨 넣은 자아의 의미를 확신하고 자신을 재판한 사람들이 그 글자에 부과한 원래의 의미를 조롱하고 저항하듯이 그대로 착용한다. 그녀가 말한 것처럼 그 글자는 "다른 의미"를 지니게 된 것이다(161). 조운 펠트 딜(Joanne Felt Diehl)이 지적한 대로 그 글자는 헤스터를 패배시킨 것이 아니라 그녀에게 힘을 부여했으며 어머니로서의 체험이 수치의 표시를 고립에서 벗어날 수 있는 참여와 자선의 표시로 변화시킨 것이다(670).

딤스데일이 세상을 뜬 후 펄과 함께 구세계로 돌아간 헤스터는 신세계의 오두막집으로 "자유의지"로 귀환한다. A자라는 글자가 상징하는 수치가 더 이상 의미가 없을 때 헤스터는 돌아와 자신의 죄에 대한 짐을 스스로 받아들이며 과거 자신의 행동의 의미를 수용하는 그녀의 귀환이야말로 그녀의 가장 큰 승리라고 존 P. 맥윌리엄스는 주장한다(67). 그리고 수녀가 아닌 "자비로운 언니(sister of mercy)"로서 그녀는 "열정이 그들을 잘못 인도하고 잘못 가르친" 여자들을 도와준다. 방황하는 여자들을 어머니처럼 보살핌으로써 헤스터는 여전히 예전의 그녀인 채로 남아 있다. 결국 헤스터가 자기의 의지대로 변형시킨 글자는 마지막까지 남아있다.

어머니로서의 헤스터의 특성을 분석해볼 때 그녀가 가장 비인습적인 의미로 종교적이라는 점을 지적할 필요가 있다. 그녀는 이교적인 신의 모습과 비유된다. 호손은 그녀를 "성모 상"과 비교하면서 그녀의 행동을 "죄 없는 어머니의 성스러운 이미지"와 대비시킨다. 이런 비교는 헤스터를 이교적 여신과 연관 짓게 한다. 열정적이고 탐스러운 그녀의 특성은 그녀를 성모 마리아보다는 아프로디테와 비교하게 만든다. 사람들의 눈에 비친 헤스터의 모습은 두 개의 조화되지 않은 특질, 즉 모성과 감성을 나타낸다. 그러나 이야기가 진행될수록 그녀는 지혜의 여신 아르테미스(Artemis)처럼 변화된다. 열정적인 여자에서 지혜로운 여성으로 변해가는 그녀는 기존의 종교적 정통성을 구하지 않는다. 남자들이 갖는 권위와 힘에 절망한 후 그녀는 자신만의 여성적인 믿음을 가지려고 노력한다.

호손은 헤스터가 펄을 낳지 않았더라면 성인이나 순교자나 예언자 혹은 종교의 창시자가 되었을지도 모른다고 하면서, 청교도 사회의 근간을 해쳤다는 이유로 죽음을 당했을 가능성도 있었다고 말한다. 아이의 어머니라는 사실이 헤스터로 하여금 앤 허친슨이나 히빈스 부인보다는 소극적 방법으로 그러나 현실적인 방식으로 사회 지배 질서에 저항하게 만든다. 자기 존재의 한계를 받아들일 때 그녀는 자기의 삶을 자신 있게 진척시킬 수 있다.

헤스터는 딤스데일이 스스로에게 부과하는 혹독한 벌을 비판한다. 그녀에게 종교란 딤스데일의 것처럼 죄와 고통으로 이루어진 게 아니라 타인에 대한 선행과 봉사이다. 그런 의미에서 결국 그녀는 사제와 같은 역할을 하게 된다. 그녀는 언젠가는 사회의 체제가 변화되리라는 희망으로 불행한 여자들의 고충을 들어주고 좋은 때가 오리라는 확신을 그들에게 심어준다.

> 헤스터는 그들을 힘자라는 데까지 충고해주었다. 또 그녀는 언제가 이 세상에 하느님의 뜻이 이루어지는 밝은 시기가 도래하면 새로운 진리가 밝혀질 것이며, 그렇게 되면 남녀가 서로의 행복을 위한 확고한 기초가 닦아지리라는 자신의 확고한 신념을 피력하여 그들을 안심시키는 것이었다(245).

그녀는 자기를 더 이상, 예전에 그 가능성을 생각해 본 변화를 가지고 올 예언자라고는 생각하지 않는다. 다만 "앞으로 올 계시의 사도는 여자임에 틀림없다"(245)고 확신한다. 계시의 사도는 딤스데일의 신학에 근거하는 죄와 고통에서 나오는 것이 아니고 고상하고 아름답고 현명한 여자이며 그 여사도의 지혜는 기쁨에서 나오게 될 거라고 한다.

헤스터의 이런 예언은 낙관적이다. 헤스터의 강인함은 고요하게 미래를 내다보는 그녀의 비전에 있다고 할 수 있다. 비록 이런 사고방식을 헤스터의 사고 내에서만 존재하는 것으로 만들고 있기는 하지만 호손은 그녀의 이와 같은 혁명적인 사고방식에 공감하는 듯하다.

> 세상의 법칙은 이제 그녀의 정신의 법칙이 될 수는 없었다. 때는 이미 인간의 지성이 해방되어서, 수세기 전에 비하면 한층 넓고 한층 능동적인 활동을 할수 있는 세상이 되었다. 군인들이 귀족이나 제왕을 쓰러뜨린 건 이미 그전 이야기였다. 이들보다 더 대담한 사람들은 비록 현실적은 아니더라도, 그들이 살고 있는 이론 세계에서는 그러했다. 고대의 여러 원칙과 직접적으로 연관된 묵은 편견을 전복하고 재배열

하던 시대였다. 그래서 헤스터 프린도 이런 시대정신을 흡수했다. 대서양 건너에서는 흔한 사상이었지만 우리 조상들이 만약 그런 사실을 알았다면 그들은 그것을 주홍글자에 새겨진 죄보다도 더 치명적인 죄라고 생각했을 것이다. 헤스터는 이런 사색의 자유를 택했다. 뉴잉글랜드 어느 집에도 감히 찾아들지 못할 새로운 사상이 해안에 자리한 헤스터의 집을 찾아온 것이다(159-60).

헤스터의 자유는 그녀의 정신 내에 존재한다. 그녀의 정신세계는 무력이 아닌 이론으로 세상을 변화시키고자 하는 대담한 남자와 같다. 그녀의 자유스러운 사고의 폭은 칠링워스의 사고의 범주를 넘어선다. 그녀는 완전히 참신한 생각과 삶의 방식을 상상해낼 수 있다. 낡은 인습에 따르는 그녀의 행동은 그녀에게는 별 의미가 없다. 기존 질서에 대해서는 속박감을 느끼지 않는 그녀는 내적 자아가 큰 비중을 차지하기 때문이다. 그녀가 사회의 규율에 가장 완벽하게 복종한다고 할지라도 그녀의 혁신적인 내적 자아는 대외적으로 감추어져 있다. 그러나 헤스터의 이중적 삶은 딤스데일의 것과는 다르다. 딤스데일이 그가 공개적으로 인정할 수 없는 사회규범을 위반한 사실을 감추기 위해 더욱 열심히 사회의 지배적 가치에 맞추어 살아간 데 비해, 그녀는 자신이 사회규범을 인정하지 않는다는 사실을 감추기 위해 조용히 살아가는 것이다.

호손은 외부 압력을 견디어내는 헤스터의 정신의 힘을 찬양하는 듯하다. 여성들의 시련과 고난을 이야기하면서 근본적인 사회 구조에 혁명이 일어나지 않는다면 헤스터가 바라는 자아는 성취되지 않을 것임을 암시한다. 그런 변화의 과정에는 세 단계가 있다.

맨 첫 단계는 사회의 모든 조직을 파괴하고 새로 건설해야한다. 또 여성이 공평 적절한 지위를 획득하려던 남성의 본성, 아니 남성의 본성으로 변화된 오랫동안의 전통적인 습성을 본질적으로 뜯어고쳐야 한다. 그래야만 여성은 공평하고 적합하다고 생각되는 지위를 가질 수 있는 길이 열린다. 또 마지막으로 다른 모든 곤경이 해결된다 하더라도, 여성 자신이 좀 더 중요한 변화를 겪기 전에는 이런 예비적인 개혁을 충분히 이용할 수 있는 능력이 없다. 그런 큰 변화를 겪게 되면 여성의 영적인 본질, 가장 진실한 생명이 깃들어있는 바탕이 안개처럼 사라지고 말 것이다(160).

헤스터의 꿈이 실현되기 위해 거쳐야 되는 이 세 단계는 마치 인간성 자체를 바꾸는 것과 맞먹는다. 이 혁명적인 변화의 시기는 좀처럼 올 것 같지 않다. 호손은 남성 우위의 편협하고 독단적인 청교도 사회에서 당하는 헤스터의 고통과 적대적인 사회에 맞서는 그녀의 용기에 대해 동정적인 필치로 그리고 있으나 그녀에게 어떠한 궁극적 승리도 부여하지 않는다. 인간성의 자연스러운 표현을 속박하는 청교적 세계관이 바람직하지 못하나 동시에 아무런 제약을 받지 않으려는 인간의 정신도 문제가 있음을 지적한다. 딤스데일을 만난 헤스터는 자기들의 과오로 인한 죄에 대해 그들은 이미 고통을 다 받았다고 주장을 하지만 호손은 그녀의 계획을 물거품으로 만든다. 그는 인간이란 타인과 정치세력과 주위환경, 그리고 자신과 공동체의 과거와의 상호관계의 맞물림 속에서 자신들의 능력을 완성시켜가는 존재라고 생각한다. 그가 생의 비극적 의미라고 하는 것은 이런 관계들이 풀 수 없게 얽혀있다는 점과 인간이 살아가면서 그 관계의 불가피함에 대한 인식을 하게 된다는 사실이다.

헤스터와 다른 인물과의 차이는 바로 그녀가 이러한 생의 비극적 인식을 가지고 있다는 점이다. 그녀 스스로 돌아올 이유가 없는 뉴잉글랜드로 돌아와 과거의 과오를 받아들이고 아무도 요구하지 않는 A자를 착용하면서, 도움이 필요한 이들에게 도움을 주며 절망에 빠진 자에게 희망을 제시해주는 구체적인 행위로서 사랑을 펼친다. 헤스터는 그녀의 꿈이 아무 소용이 없는 사회에서 외롭고 고통을 당하는 사람으로 생각되기보다는 그녀가 속한 사회가 그녀를 향해 흘러가기 시작하는, 그녀의 고통에서 지혜를 구하는 듯한 인상을 갖게 된다. 헤스터가 달고 있는 글자는 원래 의미가 아닌 그녀가 부여한 의미를 마을 사람들에게 상징하는 듯하다. 이 소설의 끝에는 시작할 때 압도하던 권위주의적 남성들은 사라지고 국외자이며 죄인인 헤스터만이 남아있다. 그녀의 가장 큰 변화는 사적으로 성취한 구원의 강렬함을 사회 안에서 실현 가능한 구원에 대한 점진주의적 관점으로 변화시킨 점일 것이다. 그녀의 승리는 청교도 사회 전체에 비추어 볼 때 미미한 것이기는 하나 이것이야말로 작지만 진정한 승리라고 말할 수 있다. 호손은 헤스터라는 인물을 통해 그의 두 가지 바램, 다시 말해 인간의 가능성에 대한 무한한 믿음과 비전 그리고 사회라는 공동체가 지녀야 하는 질서의식의 균형을 미묘하게 유지한다. 호손이 여기에서 최초로 이룩한 그의 비전과 인간의 실존적 상황에 대한 인식 사이의 균형은 이후의 작품에서는 찾아보기 어렵다.

제6장

결론: 진리의 복합적인 조망

호손은 그가 인간 행동의 외적 양식보다는 내적 의미의 탐색에 주력했으며 그의 많은 인물들이 사회와 다른 개인과의 유대 정립에 대부분 실패한다는 사실, 그리고 고립에 의한 외로움과 좌절에 대해 그의 『노트북』과 편지 등에 남긴 글로 인해 많은 평가들로부터 현실과 거리를 둔, 사회적 문제를 다루지 않는 작가로 인식돼 왔다. 그러나 그러한 표면을 뚫고 들어가 보면 역설적으로 이런 모든 특성들이 그가 현실과 사회에 깊은 관심을 기울인 데서 비롯되었다는 것을 발견하게 된다. 현실 세계에 적극적으로 참여하지 못하고 있는 자신에 대한 고백이나 소외된 인물들이 겪는 고통은 인간과 사회의 관계의 중요성을 누구보다도 깊게 인식했던 호손이 자기주장을 완곡하고 역설적으로 표현한 독특한 방식이라고 할 수 있다.

그가 살던 당시 미국 사회는 이성과 의지에 의해 무한히 발전할 수 있다는 진보관이 널리 수용되었으며 사회 전반에 걸쳐 개혁을 시도하고 그것의 실천 가능성을 확신했었다. 그러나 호손은 자신을 포함한 그 사회 구성원들의 삶의 질이 개혁가나 진보주의자들의 주장과 같이 향상되지도 않았을 뿐 더러 사회 도처에 널려 있는 인간적, 사회적 부조리와 모순이 해결되지도 않았다는 것을 목격했었다. 대신 그가 보았던 것은 전통적 질서와 계층이 존재하지 않는 신생국의 자유 경쟁 사회에서 자기 의지와 운만으로 사회 내의 자기의 고유한 역할과 위치를 설정해야 하는 인간이 자리를 찾아 헤매는 방황과 자기 위치를 확보하지 못한 자가 겪는 좌절과 고통스러운 삶이었다. 그뿐 아니라 진보와 개혁이라는 하나의 이상을 추구하는 사회의 독단적인 경향이 개인의 개별적인 자아의 요구를 무시하고 억압하는 양상들을 관찰할 수 있었다. 생의 비극적 의미가 퇴색해버린, 성공이 곧 신이 인간에게 내린 은총의 표지로 간주되던 사회에서 실패 가능성에 대한 두려움과 실패했을 때의 좌절감, 그리고 사회의 흐름에 동조할 수 없던 인간들의 내면적 고통을 그 역시 예민하게 의식했었고 그것을 표출했었다.

그는 자기 시대의 문제에 대한 보다 근본적이고 객관적인 접근을 위해 미국이라는 나라의 설립에 사회적 이념적 바탕이 되었던 17세기 뉴잉글랜드의 청교도들의 세계를 성찰했었다. 그는 17세기 사회를 다룸으로써 자기 시대의 제재로부터 자유스러울 수 있었을 뿐 아니라 데이비스 S. 레이놀즈의 말대로 "청교주의를 통해 자기 시대의 문학에서 취할 수 없던 표현의 암시성과 강렬함"(256)을 얻을 수 있었기 때문이다. 그는 19세기 당시 역사가들의 주목을 받지 못했던 엔디컷이라는 청교도 시대의 지도자에 초점을 맞춰 왜 미국인들이 청교도의 질서를 그들의 중심되는 사회적 가치로 받아들였는가라는 문제에 대해 해명하고자 했었다. 그는 황무지에서 사회를 건설하는 데에는 엔디컷의 현실적인 태도와 강인한 정신력이 필수적이었으나 동시에 그러한 강인함과 실용적인 태도가, 지배적인 가치에 상치되는 모든 세력을 용납하지 못하고 배척했던 독단과 편협함의 다른 얼굴임을 드러내었다. 호손은 엔디컷이라는 인물에게서 자기 시대가 지니는 편협하고 독단적인 성향의 원형을 발견해 낸 것으로 보인다. 19세기 당시인들이 자기들의 조상들을 허황되게 미화하는 그 이면을 들추며 조상의 전체적인 모습을 보도록 함으로써 호손은 자기 시대의 문제를 보다 정직하게 인정하고 반성할 것을 제기했었다.

청교주의가 기본적인 질서로 받아들여진 사회에서, 호손은 그 질서를 절대적인 권위로 수용하지 못하는 '신생 미국(Young America)의 표상으로 볼 수 있는 세 젊은이가 하는 여행을 통해 자아 탐색의 불확실함, 거기에서 야기되는 그들의 삶의 우울함을 제시한다. 이들의 혼돈된 모습을 통해 호손은 개별적인 자아의 표출을 용납하지 않는 사회를 살아가야 하는 자신의 문제를 살펴보며 동시에 이들 인물들의 문제가 결과로 나타나는 자기 시대에 대한 간접적인 평가를 내린다. '신이 축복한 새로운 나라'의 외형적 번영에 도취되어 모든 것을 자기중심적으로 해석하며, 받아들이고 싶지 않는 어두운 사실에 대해서는 고개를 돌리는 당시의 주류에서 한 걸음 비켜서서 그는 당시 사회의 여러 문제를 냉철하게 규명하고자 했었다. 그는 모든 미국인들이 신성시하는 미국 혁명을 주도했던 세력의 실상 즉 그들이 거칠고 선동적이며 자기네들이 만들어가는 역사적 의미도 알지 못하는 인물들이었다는 사실을 드러냄으로써 민주사회를 이끌어가는 세력의 정체를 정직하게 제시했었다. 그뿐 아니라 당시 미국인들이 갖는 변경의 개척지에 대한 환상 다시 말해 인간은 항상 새로운 장소에서 새롭게 삶을 시작할 수 있으리라는 생각이 망상에 불과하다는 것을, 그는 과거의 사슬을 끊지 못해 비참하게 생을 망치는 인물을 제시해 깨뜨린다.

종교적 질서와는 다른 현실의 질서로서, 인간에게 자율성을 가져다주는 강력한 힘으로서 19세기 미국인들에게 적극적으로 수용된 과학이 갖는 잠재적 위험에 대해 호손은 우려를 표했었다. 과학자들에게 희생되는 인물들을 제시하여, 물질에 대한 감각적 인지에 의해 만들어진 법칙은 인간의 정신적인 면은 배제시키며 인간을 물질로, 하나의 대상으로 간주하게 되어 인간을 다른 인간으로부터 고립시킬 뿐 아니라 자기 내부의 분열을 초래하게 한다는 것을 보여주었다. 호손은 과학의 새로운 힘은 인간에게 베푸는 것만큼의 대가를 치르도록 한다는 것을 그리고 그 대가가 인간의 모든 것을 요구한다는 사실을 역설하여, 삶의 비극적 의미를 상실하고 상업적이고 물질화되는 시대가 지니는 문제의 심각성을 제기했었다.

호손은 당대에 대해 비판적 시각을 견지하면서, 동시에 사회와 개인의 관계 그리고 여러 불가피한 관계의 맞물림 속에서 존재하는 인간의 삶에 대한 조망이라는 좀 더 보편적인 주제를 살펴보았다. 종교와 과학은 진리의 인식 방법에 있어 대조되지만 그것이 지배적인 질서로 자리잡았을 때 인간에게 독단적인 영향을 끼치며 인간을 소외시키는 성향을 지닌다는 점에서 공통된다. 그러나 그는 사회가 개인에게 행사하는 부정적인 영향에도 불구하고 사회와 개인의 유대 설립의 중요성을 간과하지 않는다. 그는 사회와의 관계를 설립하는 데 실패한 인물들의 고립되고 메말라버린 삶을 제시함으로써 역설적으로 개인과 사회와의 유대 설립의 중요성과 인간은 사회와 다른 인간과 관계를 맞는 사회 속에서 존재해야 한다는 필연성을 강조했었다.

호손은 그가 단편에서 보여주었던 소외당하고 희생되는 사람들과 대별되는 새로운 자아를 지닌 인간을 헤스터라는 여인을 통해 구현한다. 그녀는 자신의 개인적인 가치와 상치되는 지배적인 권위에 순응하지 않으면서도 그 사회로부터 추방되거나 권위의 압력에 의해 굴복하지 않고 생존해 나간다. 호손은 금욕과 절제를 표방하는 사회에서 사생아를 낳아 공개적인 제재 조치를 받은 여자가 그 사회를 떠나지 않고 남아 자신의 현실을 인정하고 자기 내부에서 힘을 찾음으로써 사회로부터의 소외와 압력을 홀로 이겨 나가는 강인한 모습을 보여준다. 그러나 헤스터라는 인물이 진정한 혁신적인 인물로 부각되는 것은 구세계로 떠나갔던 그녀가 뉴잉글랜드로 돌아온 다음이다. 신세계가 사람들이 애초에 기대했던 이상향이 아니며 사회적 질서의 구속력이 구세계의 그것보다 더 독단적이며 더 많은 강제력을 행사한다는 것을 충분히 체험했던 그녀가 돌아올 아무런 이유가 없는 곳에 자유의지로 돌아와 A자라는 글자가 함축하는 의미를 스스로 수용하고, 그 사회의 지배적 질서가 갖는 구속력을 초월한다. 돌아온 다음의 그녀는 그 곳을 떠나기 전 자기를 벌하고 고립시키는 사회에 대한 적대감에서 비롯된 상처받은 우월감을 버린다. 대신 그녀는 젊은 시절의 자기처럼 사회 질서를 위반해 방황하는 여자들을 변화될 미래에 대한 희망으로 위로하며 구체적 행동으로 고통당하는 사람들을 돕는다. 뉴잉글랜드로 귀향한 그녀는 숲에서 딤스데일에게 열렬히 주장했던 생에 대한 열정보다 더 완전하고 보편적인 삶에 대한 비전을 얻게 된다. 그녀의 사랑은 그녀만의 개인적인 차원을 넘어 정의와 진실 그리고 공동체에 대한 헌신으로 폭과 깊이를 더하게 된다.

그러나 헤스터에 대한 호손의 지지가 전폭적이지만은 않다. 그는 남녀가 새로운 근거 위에서 상호 간의 행복을 추구해야 한다는, 그리고 앞으로 오게 될 신의 사도는 남성이 아닌 현명하고 부드러운 여성일 것이라고 믿는 그녀의 혁신적인 사고에 공감하지만, 그런 아이디어를 그녀의 마음속에만 있게 할 뿐 현실에서 실행되게 하지는 않는다. 자기가 속한 사회 질서와 권위에 대해 존중하지 않는 헤스터의 질서관이 그녀에게 야기한 정신적 혼란과 사회적 안정을 저해할 수 있는 위험성을 호손은 간과하지 않는다. 그뿐 아니라 그녀가 그리는 미래는 남녀의 근본적인 변화가 수반되지 않는다면 가능하지 않을 정도로 실현성이 희박하다는 점을 알고 있다. 그는 헤스터라는 인물을 새로운 자아의 표상으로 보여주고 있으나 최종의 자아로 제시하지는 않는다. 딤스데일의 종말에 다양한 관점과 해석을 제시하듯 그는 헤스터의 이러한 삶의 행로 역시 인간이 내릴 수 있는 여러 개의 선택 가운데 하나라는 것을 우리에게 보여준다. 딤스데일의 죽음이 그가 택할 수 있는 최선의 길이며 칠링워스의 복수가 그로서는 그렇게 할 수밖에 없었던 것처럼 헤스터로서는 그것이 최선의 선택이었던 것이다. 케니스 도버(Kenneth Dauber)는 하나의 사건에 대해 여러 해석의 가능성을 열어놓으며 부분적인 진실의 가치를 인정하는 호손의 태도를 작가의 권위를 포기하는 것으로 비난하고 있으나(115) 진리가 갖는 권위의 상대성과 다양성을 제시하려고 노력하며, "최종의 진실을 부여하지 않으려 했던" 호손으로서는 당연한 것이라고 할 수 있다.

호손은 어떤 하나의 권위와 질서를 최종적으로 제시하지는 않는다. 미국인들이 청교도의 세계를 선택했던 것에 대한 그 나름대로의 이유를 제시하면서도 그는 그들의 선택에 잠재되어 있는 문제들 역시 나란히 드러낸다. 인간은 자신이 존재하는 시대와 사회에 절대적 영향을 받을 수밖에 없으며, 사회 내에서 자신의 삶을 모색할 수밖에 없다고 생각하는 현실주의자 호손은 '최종 진리'의 선택은 주어진 상황에서 자기 자신이 할 수밖에 없다는 것을 완곡하게 그러나 분명하게 말하고 있다. 자아 탐색에 나서는 인물들이 안내자들이 제시하는 세계를 받아들이지 못하고 깊은 혼란에 빠진다는 사실은 인간은 누군가의 도움에 의존하거나 다른 사람이 제시하는 세계를 그대로 받아들일 수 없고 그 스스로 탐색하여 자신의 생을 개척해 갈 수밖에 없다는 생의 준엄함에 대한 호손의 견해를 드러내는 것이다.

그는 인물들이 내리는 선택이 그들로서는 자기들의 성향과 주어진 상황에서는 그럴 수밖에 없는 필연적인 것임을 보여주면서도 그들의 선택이 최선이 아닐 수도 있다는 것을 암시함으로써 우리로 하여금 삶의 진실에 대해 다각적인 조망을 요구하며 진리란 여러 겹의 해석이 가능하다는 사실을 인식할 것을 피력한다. 그는 하나의 진리가 최종의 진리로 제시되었을 때의 위험성, 다시 말해 그것이 압도적인 위치에 군림하게 되었을 때 다른 개개인의 구체적이고 다양한 목소리를 침묵시켜 버린다는 점을 깨닫도록 한다. 개개인의 다양한 목소리를 수렴해야 하는 민주사회가 하나의 큰 목소리에 의해 압도당하는 것을, 그리고 그런 사회에서 많은 사람들이 당하는 곤경을 목격했던 그는 하나의 진실이 최종의 것으로 제시되었을 때 야기하는 위험성을 경계했었다. 엔디컷의 격앙된 목소리, 양면 얼굴의 사나이와 그의 추종 세력들의 광기 섞인 웃음, 댄포스의 우렁찬 목소리와 호벤든의 독선적인 태도, 딤스데일과 칠링워스의 공적 질서와 외적 대상에 대한 과도한 집착 그리고 이들에 의해 고통당하는 인물들의 뒤틀린 삶은 하나의 진실만을 강요함으로써 초래하게 되는 현상들이다.

진리의 복합적인 의미, 그것을 인식하는 관점의 다양함, 개인의 자아에 대한 신념과 사회의 공적 질서와 권위에 관한 현실적인 인식 사이의 균형을 유지함으로써 얻어진 독창적이고 압축된 아름다움이 『주홍글자』 이후의 작품에는 나타나지 않는다. 『주홍글자』 이후의 장편에서 보다는 그의 걸작 단편들과 최고 작품으로 평가되는 『주홍글자』에서 그가 말하고자 했던, 사회와 다른 사람들과의 관계 속에서 살아야 하는 개인의 문제 그리고 삶을 구속하는 진리가 갖는 다양한 의미와 그것의 파악에 있어서의 관점의 상대성에 관한 이야기가 압축되어 보다 성공적으로 나타난다.

사회적, 도덕적 개혁과 실험이 진행되고, 빠르게 변화되는 시대를 살았던 호손이 당대 사회의 문제를 보다 자유롭게 그 출발점에서부터 검토해보고자, 그리고 사회의 여러 관계 속에서 존재해야 하는 인간의 삶에 대한 성찰을 위해 되짚어 갔던 17세기 청교도들의 삶에서, 그리고 실증과학이라는 새로운 권위를 신봉하는 실증과학자들과 그 주변 세계에서, 우리는 호손이 현실에서 유리되어 있는 작가가 아니라 사회 속의 개인의 문제에 몰두했던 작가라는 것을 깨닫게 된다. 즉 그의 작품에서, 개인의 삶을 억압하는 지배적인 사회 질서와, 구체적이고 개별적인 삶의 요구를 지니는 개인의 관계에 깊은 관심을 지닌 작가로서의 호손이 부각된다. 개인이 존재해야 하는 장으로서의 사회의 중요성을 인식했고 그 점을 피력했으면서도 최종의 진리를 선택하는 최후의 권위는 각각의 개인에게 있다는 것을 암시함으로써 그는 전체적인 사회 질서의 중요성보다는 개인에 대한 신뢰에 그 무게를 얹고 있는 듯이 보인다. 그는 기존 질서가 갖는 악과 모순이 인간 마음에서 비롯된다는 것을 말하고 있으면서도 지배적 권위에 의해 고통당하는 개인을 돕는 자는 바로 그 불합리한 마음을 지닌 사람이라는 점을 말하고 있다. 앞에서 살펴보았던 바대로 미국이라는 신생 사회에서의 개인의 삶과 사회 질서의 관계라는 문제를 추적해 섬세하게 표출해내는 그의 예리한 성찰이 멜빌로 하여금 그를 '최초의 독창적인 미국적 작가'라고 갈파하게 했을 것이다.

그러나 우리는 호손의 세계에서 당시를 산 미국인의 문제뿐 아니라 현대를 사는 모든 인간의 문제 곧 다시 말해 사회의 영향에서 벗어날 수 없는 개인의 삶, 다른 인간과의 관계 속에서 살아야만 하는 문제 그리고 인간성의 한 일면이 인간 전체를 지배하게 됨으로써 온건한 자아의 형성을 저해하는 조직화된 사회를 사는 모든 사람들의 딜레마를 호손의 고풍스러운 문체와 분위기의 세계에서 되비추어 보게 되며 삶을 보다 깊고 진지하게 돌아보게 된다. 그리고 사물의 인식에 있어 최종의 진실을 내세우지 않고 유보하며 부분적인 진리의 가치를 인정하는 호손에게서 진리 파악의 어려움과, 인간 마음에 내재하는 파악할 수 없는 선과 악의 미묘한 존재에 대한 인식, 그리고 인생에 대한 복합적인 조망의 필요성을 깨닫게 되면서 인간 존재에 대한 인식의 깊이와 범위를 확장해 나가게 된다.

호손 연보 ● ● ●

1804	7월 4일 메사츄세츠 주 세일럼에서 나사니엘 호손(Nathaniel Hathorne)(호손이 후에 성에 w를 추가함)과 엘리자베스 매닝(Elizabeth Manning)의 외아들로 태어남. 누나 엘리자베스(1802-1884)와 누이 마리아 루이자(Maria Louisa 1808-1852)가 있음.
1808	배의 선장이던 아버지는 4월 남태평양 수리남(Surinam) 근처에서 열병으로 사망.
1809	어머니가 경제적인 형편이 나았던 친정으로 아이들과 함께 이사.
1813-15	발을 다쳐 학교에 가지 못하고 집에서 요양.
1821	메인(Main) 주 브런스윅(Brunswick)에 있는 보우든 대학(Bowdoin College) 입학. 호레쇼 브리지(Horatio Bridge), 프랭클린 피어스(Franklin Pierce), 헨리 워드워스 롱펠로우(Henry Wadworth Longfellow)를 만나게 됨.
1825	대학 졸업. 세일럼의 외가로 돌아와 1836년 보스톤으로 옮길 때까지 이따금 여행하는 일을 제외하고는 작가수업.
1828	자비로 첫 소설 『팬쇼』(*Fanshaw*) 출판.
1830	여러 단편과 스케치가 『토큰』(*The Token*)과 『가제트』(*The Gazette*)에

	서 발간.
1836	보스톤으로 이사. 잡지 *The American Magazine of Useful and Entertaining Knowledge* 편집.
1837	『두 번 하는 이야기』(*Twice-Told Tales*) 발간. 부인 소피아 피바디 (Sophia Peabody) 만남.
1839	보스톤 세관에서 석탄과 소금 계량관으로 취직. 1841년 1월까지 근무.
1841	어린이 책 『할아버지 의자』(*Grandfather's Chair*) 출판. 메사츄세츠 주 록스베리(Roxbury)의 부룩 팜(Brook Farm) 공동체에 참여했으나 글 쓸 여가를 낼 수 없던 이유로 11월에 떠남.
1842	소피아 피바디와 결혼. 콩코드(Concord)의 목사관(Old Manse)에 정착. 『두 번 하는 이야기』 제2판과 어린이를 위한 유명인사 전기 *Biographical Stories for Children* 출판. 첫딸 우나(Una) 탄생
1846. 4.	세일럼의 세관 수입검사관으로 취직. 7월 아들 줄리엔(Julian) 탄생. 단편집 『낡은 목사관의 이끼』(*Mosses from an Old Manse*) 출간.
1849. 6.	세관직 잃음. 7월 어머니 사망.
1850	『주홍글자』(*The Scarlet Letter*) 발표. 레녹스(Lenox)로 이사. 여기에서 근처에 살던 허먼 멜빌(Herman Melville) 알게 됨. 다음해 멜빌은 『모비 딕』(*Moby Dick*)을 호손에게 헌정.
1851	『일곱 박공의 집』(*The House of the Seven Gables*) 발간. 5월 둘째딸 로즈(Rose) 탄생. 단편집 『눈사람』(*The Snow Image and Other Twice-Told Tales*) 발간.
1852	어린이용 고전신화 *A Wonder-Book for Girls and Boys* 발간. 장편 『블라이드 데일 로만스』(*The Blithedale Romance*) 발간. 6월 콩코드의 집 웨이사이드(Wayside)로 이사. 8월 대학 친구 프랭클린 피어스의 선거

	용 자서전 『프랭클린 피어스 전기』(*Life of Franklin Pierce*) 발간. 11월 피어스 미국 대통령으로 당선.
1853	어린이용 고전신화 2집 『탱글우드 이야기』(*Tanglewood Tales for a Girls and Boys*) 출판. 7월 영국 리버풀 영사로 부임.
1858 1.	영사임무에서 벗어나 프랑스를 거쳐 이태리에 체제.
1859 6.	영국으로 돌아와 마지막 장편『대리석 목양신』(*The Marble Faun*) 영국에서 출간.
1860	미국으로 귀국.『대리석 목양신』미국에서 출간.
1863	영국에 관한 스케치 모음집『우리 옛 고향』(*Our Old Home*) 출판하여 프랭클린 피어스에서 헌정.
1864	피어스와 여행도중 뉴햄프셔의 플리머스(Plymouth)에서 사망.

참고문헌 ● ● ●

▶ 1차 참고문헌

Hawthorne, Nathaniel. *Nathaniel Hawthorne Tales*. ed. James McIntosh, New York: Norton, 1987.

_____. *The Scarlet Letter*. New York: A Signet Classic, 1959.

_____. *Twice Told Tales*. London: J. M. Dent & Sons Ltd, 1955.

_____. *Mosses from an Old Manse*. The Centenary Edition of the Works of Nathaniel Hawthorne, Vol. XI, Columbus: Ohio State UP, 1980.

_____. *American Notebooks*. Vol. XIII, Boston: Houghton Mifflin & Co, 1883.

▶ 2차 참고문헌

Anderson, Quentin. *The Imperial Self: An Essay in American Literature and Cultural History*. Baltimore: John Hopkins UP, 1979.

Askew, W. Malvin. "Hawthorne, the Fall, and the Psychology of Maturity." *American Literature* 34(1962): 335-43.

Bancroft, George. *History of the United States from the Discovery of the American Continent*. Boston: Little, Brown & Co., 1837.

Bayme, Nina. *The Shape of Hawthorne's Career*. Ithaca: Cornell UP, 1976.

Bell, Michael Davitt. *The Development of American Romance: The Sacrifice of Relation*. Chicago: U. of Chicago P, 1980.

Bensick, Carol Marie. *La Nouvelle Beatrice: Renaissance and Rome in 'Rappaccini's Daughter'*. New Brunswick: Rutgers UP, 1985.

Bernal, J. D. *Science in History*. Cambridge: MIT, 1982.

Boorstin, Daniel J. The American: *The National Experience*, New York: Random, 1965.

Borges, Jorges Luis. *Other Inquisitions: 1937-52*. trans. Ruth L. C. Simmes, Austin: U. of Texas P, 1964.

Brenzo, Richard. "Beatrice Rappaccini: Victim of Male Love and Horror". *American Literature* 48(1976): 152-64.

Brodhead, Richard. *Hawthorne, Melville, and the Novel*. Chicago: U of Chicago P, 1976.

Calverton, V. S. *The Literature of American Literature*. New York: Yale UP, 1948.

Carpenter, Richard C. "Hawthorne's Polar Exploration: 'Young Goodman Brown' and 'My Kinsman'". *Nineteen-Century Fiction*, 24(1969): 45-56.

Chase, Richard. *The American Novel and the Tradition*. Baltimore: John's Hopkins UP, 1957.

Colacurcio, Michael. *The Province Piety: Moral History in Hawthorne's Early Tales*. Cambridge: Harvard UP, 1982.

Crews, Frederick C. *The Sins of the Fathers: Hawthorne's Psychological Themes*. New York: Oxford UP, 1979.

Crowley, J. Donald. ed. *Hawthorne: The Critical Heritage*. London: Routedge &

Kegan Paul, 1970.

Dauber, Kenneth. *Rediscovering Hawthorne*. New Haven: Princeton UP, 1977.

Dekker, George, *The American Historical Romance*. Cambridge: Cambridge UP, 1987.

Diehl, Joanne Felt. "Re-reading *the Letter*: Hawthorne, the Fetish, and the (Family) Romance". *New Literary History*, 19(1988): 663-672.

Dobbs, Jeanne. "Hawthorne's Dr. Rappaccini and Father Rapp". *American Literature* 43(1971): 427-30.

Donohue, Agnes McNeil. *Hawthorne: Calvin's Ironic Stepchild*. Kent: Kent UP, 1985.

Doubleday, Neal Frank. *Hawthorne's Early Tales: A Critical Study*. Durham: Durham UP, 1972.

Eisinger, Chester E.. "Hawthorne as Champion of the Middle Way". *New England Quarterly* 27(1954): 27-52.

Evans, Oliver. "Allegory and Incest in 'Rappaccini's Daughter'". *Nineteenth-Century Fiction*, 19(1961): 185-95.

Fairbanks, Henry, G. *The Lasting Loneliness of Nathaniel Hawthorne*. Albany: Magi Books Inc., 1965.

Fetterley, Judith. "Woman Beware Science: 'The Birthmark'" in *Literary Theories in Praxis*. ed. Shirley F. Staton. Philadelphia: U. of Pennsylvania P, 1988.

Flint, Allen. "Hawthorne and the Slavery Crisis". *Emerson Society Quarterly*, 41(1968): 393-408.

Fogle, Richard Harter. *Hawthorne's Fiction: The Light and the Dark*. Norman: Oklahoma UP, 1964.

Fossom, Robert H. *Hawthorne's Inviolable Circle: The Problem of Time*. Deland: Everett/ Edwards, 1972.

Fussel, Edwin. *Frontier: American Literature and the American West*. Ithaca: Princeton UP, 1965.

Gollin, Rita K. *Nathaniel Hawthorne and the Truth of Dreams*. Baton Rouge: Louisiana State UP, 1979.

Grob, Gerald N. & Billias George Athan. *From Puritanism to the First Party System: Historical Interpretation, Vol. 1 1620-1825*. New York: The Free Press, 1980.

Halligan, John. "Hawthorne on Democracy: Endicott and the Red Cross!" *Studies in Short Fiction* 8(1971): 301-7.

Heilman, Robert Bechtold. "Hawthorne's 'The Birthmark'": Science as Religion" in *Literary Theories in Praxis*. Ed. Shirley F. Staton. Phildelphia: U of Pennsylvania P, 1987.

Hicks, Granville. *The Great Tradition*. New York: McMillan Co., 1933.

Hoffman, Daniel. *Form and Fiction in American Fiction*. New York: Oxford UP, 1961.

Janeway, Elizabeth, ed. "Is the Short Fiction Necessary?" in 『단편소설의 이론』. 최상규 역. 서울: 정음사, (1983): 151-168.

Kaplan, Harold. *Democratic Humanism and American Literature*. Chicago: U of Chicago P, 1972.

Kaul, A. N. *The American Vision: Actual and Ideal Society in Nineteenth Century*. New Haven: Yale UP, 1963.

Kouwenhoven, John A. *Half a Truth is Better than None: Some Unsystematic Conjectures about Art, and Disorder, and American Experience*. Chicago: U of

Chicago P, 1971.

Lane, Gary. "Spiritual Dynamics and Unknowable in *The Scarlet Letter*." *Nathaniel Hawthorne Journal,* (1977): 323-30.

Lawrence, D. H. *Studies in Classic American Literature.* New York: Penguin Books, 1978.

Leverentz, David. "Mrs. Hawthorne's Headache: Reading *The Scarlet Letter*." *Nineteenth-Century Fiction* 37(1983): 552-575.

Levin, David. "Shadows of Doubt: Specter Evidence in Hawthorne's "Young Goodman Brown." *American Literature* 34(1962): 344-52.

Levin, Harry. *The Power of Blackness: Hawthorne, Poe, Melville.* New York: Alfred A. Knorpf, 1958.

Liebman, Sheldon W. "The Moral Choice in 'The May-Pole of Merry Mount'." *Studies in Short Fiction* 11(1974): 173-80.

_____. Hawthorne's Romanticism: The Artist of the Beautiful.'" *Emerson Society Quarterly* 22(1976): 85-95.

Login, Michael. *Fathers and Children: Andrew Jackson and the Subjugation of the American Indian Policy.* New York: Knorp, 1977.

Marx, Leo. *The Machine in the Garden.* New York: Oxford UP, 1964.

Matthiessen F. O. *American Renaissance : Art and Expression in the Age of Emerseon and Whitman.* Oxford: Oxford UP, 1979.

McIntosh, James. "Nature and Frontier in 'Roger Malvin's Burial." *American Literature* 60, 1988.

McWilliam Jr., John P. *Hawthorne, Melville, and the American Character: A Looking Glass Business.* Cambridge: Cambridge UP, 1984.

Mills, Barris. "Hawthorne and Puritanism." *New England Quarterly* 21(1948): 78-102.

Morris, Lloyd. *The Rebellious Puritan.* New York: Harcourt, 1927.

Morsberger, Robert E. H. "The Woe That Is Madness: Goodman Brown and the Face of the Fire." *Nathaniel Hawthorne Journal*, 3(1973): 177-82.

Nye, Russel. *The Almost Chosen People: Essays on the History of American Ideas.* Ann Arbor: Michigan State UP, 1966.

Powell, Neil. *Alchemy, The Ancient Science.* London: Danbury P, 1976.

Ralph, Philip Lee. *The Renaissance in Perspective.* New York: Saint Martin's P, 1973.

Reynolds, Davis S. *Beneath the American Renaissance: The Subversive Imagination in the Age of Emerson and Melville.* Cambridge: Harvard UP, 1989.

Rowe, Joyce A. *Equivocal Endings in Classic American Novels: The Scarlet Letter; Adventures of Huckleberry Finn; The Ambassadors; The Great Gatsby.* New York: Cambridge UP, 1988.

Schneider, Herbert. "The Democracy of Hawthorne." *Emory Univ. Quarterly*, 22(1966): 123-32.

_____. *The Puritan Mind.* New York: Holt, 1930.

Shulman, Robert. *Social Criticism & Nineteenth-Century American Fiction.* Columbia: U. of Missouri P, 1987.

Small, Michael, "Hawthorne's *The Scarlet Letter*: Arthur Dimmesdale's Manipulation of Language". *American Literature* 37(1980): 113-123.

Smith, Timothy L. *Revivalism and Social Reform in Mid Nineteenth Century of American Ideas.* Ann Arbor: Michigan UP, 1966.

Stein, William Bysshe. *Hawthorne's Faust: A Study of Devil Archetype.* Gainsville: U.

of Florida P, 1953.

Stewart, Randall. *Nathaniel Hawthorne: A Biography*. New Haven: Yale UP, 1948.

_____. *The American Notebooks by Nathaniel Hawthorne*. New Haven: Yale UP, 1932.

Taylor, J. Golden. *Hawthorne's Ambivalence Towards Puritanism*. Logan: Utah State UP, 1965.

Tharpe, Jack. *Nathaniel Hawthorne: Identity and Knowledge*. Illinois: South Ill. UP, 1967.

Toqueville, Alexis de. *Democracy in America*. New York: Vintage Books, 1954.

Turner, Arlin. *Nathaniel Hawthorne: An Introduction and Interpretation*, New York: Barnes & Noble, Inc. 1961.

_____. *Nathaniel Hawthorne: A Biography*. New York: Oxford UP, 1980.

Unger, Irwin. *These United States: The Questions of Our Past, Vol. I to 1877*. Boston: Little, Brown, and Co. 1982.

Van Leer, David M. "Aylmer's Library: Transcendental Alchemy in Hawthorne's 'The Birthmark.'" *American Transcendental Quarterly* 22(1976): 211-20.

Van Doren, Mark. *Nathaniel Hawthorne*. New York: William Sloane, 1949.

Wagenknecht, Edward. *Nathaniel Hawthorne: The Man, His Tales and Romances*. New York: Contiuum Co., 1989.

Waggoner, Hyatt H. *The Presence of Hawthorne*. Baton Rouge: Louisiana State UP, 1979.

찾아보기 ● ● ●

㄄

「고독에 관하여」("On Solitude") ― 11
골린, 리타(Gollin, Rita) ― 93
굿맨 브라운(Goodman Brown) ― 55, 61, 69, 86, 149, 159
「깃털」("Feathertop") ― 22, 23

ㄴ

나이, 러셀(Nye, Russel) ― 13
『낡은 목사관의 이끼들』(*Mosses from an Old Manse*) ― 11, 22
「내 친척 몰리네 대령」("My Kinsman Major Molineux") ― 47, 55, 58~70
「늙은 영웅들」("The Gray Champions") ― 37, 66

ㄷ

단테(Dante) ― 119, 120

『대리석 목양신』(*The Marble Faun*) ― 21, 22, 138
더블데이, 닐 프랑크(Doubleday, Neal Doubleday) ― 38, 39
데커, 조지(Dekker, George) ― 31, 66
도노휴, 애그너스 맥닐(Donohue, Agnus McNeille) ― 46, 49, 60, 83
도버, 케니스(Dauber, Kenneth) ― 192
『두 번 하는 이야기』(*Twice-Told Tales*) ― 9, 22
딜, 조운 펠트(Diehl, Joanne Felt) ― 181
딤스데일, 아서(Dimmesdale, Arthur) ― 145~169, 171, 173, 175~185, 191, 192, 194

ㄹ

라이브먼, 셀든(Leibman, Sheldon) ― 31, 86, 131
「라파치니 박사의 딸」("Rappaccini's Daughter") ― 104, 112~128
라파치니, 비어트리스(Rappaccini, Beatrice) ― 104, 112, 113, 115~127
랠프, 필립 리(Ralph, Philip Lee) ― 114
레번츠, 데이비드(Leventz, David) ― 154
레빈, 해리(Levin, Harry) ― 10
레이놀즈, 데이비스 S.(Reynolds, Davis S.) ― 87, 94, 114, 188
레인, 게리(Gary, Lane) ― 158
로긴, 마이클(Login, Michael) ― 71
로렌스 D. H. (Lawrence, D. H.) ― 147
로우, 조이스(Rowe, Joyce) ― 146, 168

ㅁ

막스, 리오(Marx, Leo) — 100

매티센, F. O.(Mattiessen, F. O.) — 10, 11

맥윌리엄스, 존 P.(McWilliams, John P.) — 35, 67, 158, 181

맥킨토시, 제임스(McIntosh, James) — 80

「메리 마운트의 오월주」("The Maypole of Merry Mount") — 28, 29~43

멜빌, 허먼(Melville, Herman) — 11, 22, 195

모스버거, 로버트 E.(Morseberger, Robert E.) — 86, 87

몰리네, 로빈(Molineux, Robin) — 49, 55~70, 86, 149

미국독립혁명(American Revolution) — 42, 66

미리엄(Miriam) — 22

밀스 베리스(Mills, Barris) — 26

ㅂ

「반점」("The Birthmark") — 96, 100, 101~112, 119, 136

밴크로프트, 조지(Bancroft, George) — 41, 42

버날, J. D.(Bernal, J. D.) — 133

버질(Virgil) — 119

베일린, 버나드(Bailyn, Bernard) — 57

베임, 니나(Baym, Nina) — 26, 42, 131

벤 도런, 마크(Van Doren, Mark) — 145

벤직, 캐롤 마리(Bensick, Carol Marie) — 114

벨, 마이클 데이빗(Bell, Michael Davitt) — 102, 142

본, 루빈(Bourne, Reuben) — 55, 69, 71~85, 97, 149, 159

부어스틴, 대니얼(Boorstin, Daniel) — 27

뷰엘, 로렌스(Buell, Lawrence) — 25

브랜조, 리차드(Brenzo, Richard) — 117

브로드헤드, 리차드(Brodhead, Richard) — 175

『블라이드데일 로만스』(*The Blithedale Romance*) — 21, 22

ㅅ

슈나이더, 허버트 W.(Schneider, Herbert W) — 15, 16

슐만, 로버트(Shulman, Robert) — 58, 66, 68, 149, 172, 177

스몰, 마이클(Small, Michael) — 151

스미스, 티모시(Smith, Timothy) — 13

스타인, 윌리엄 비시(Stein, William Bysshe) — 103, 165

스튜어트, 랜덜(Randall, Stewart) — 10, 113

『신곡』(*The Divine Comedy*) — 119

ㅇ

아르미니아니즘(Arminianism) — 13

「아름다움의 예술가」("The Artist of the Beautiful") — 104, 128~144

『아메리칸 노트북』(*American Notebook*) — 34, 113

아이징거, 체스터 E.(Eisinger, Chester E.) — 12

애스큐, 맬빈 W.(Askew, Malvin W.) — 35

앤더슨, 퀜틴(Anderson, Quentin) — 56

엉거, 어윈(Unger, Irwin) — 14

에머슨, 랠프 왈도(Emerson, Ralph Wlado) — 15, 56

에일머(Aylmer) — 96, 100~112, 115, 119, 127, 128, 131, 136, 137

「엔디컷과 붉은 십자가기」("Endicott and the Red Cross") — 28, 36, 37~42

엔디컷, 존(Endicott, John) — 26~30, 32~43, 45, 49, 129, 188, 189, 193

엘리어트 T. S.(Elliot T. S.) — 11

월랜드, 오원(Wallnd, Owen) — 128

웨고너, 하이어트(Waggoner, Hyatt) — 11, 23

웨건네트, 에드워드(Wagenkneght, Edward) — 14

윈스롭, 존(Winthrop, John) — 37, 45, 58

윌리엄스, 로저(Williams, Roger) — 39~41, 180

유니테리아니즘(Unitarianism) — 15

「유순한 소년」("The Gentle Boy") — 28, 42~55

「이썬 브랜드」("Ethan Brand") — 22

『일곱 박공의 집』(*The House of Seven Gables*) — 21, 138

ㅈ

잭슨, 앤드류(Jackson, Andrew) — 14, 70~72

제노비아(Zenobia) — 22

제인웨이, 엘리자베스(Janeway, Elizabeth) — 22, 23, 200

『주홍글자』(*The Scarlet Letter*) — 5, 6, 14, 20~24, 44, 47, 66, 143, 145~186, 194

「중심가」("Main Street") — 72

「지상의 대학살」("Earth's Holocaust") — 14

「직업소개소」("The Intelligence Office") — 16

ㅊ

청교주의(Puritanism) - 18, 26, 31, 43, 52, 158, 160, 188, 189
체이스, 리차드(Chase, Richard) - 24
초월주의(Transcendentalism) - 15
칠링워스, 로저(Chillingworth, Roger) - 47, 145~148, 151~153, 157, 161~169, 172, 175, 176, 178~180, 184, 192, 194

ㅋ

카플란, 해롤드(Kaplan, Harold) - 150
캘비니즘(Calvinism) - 13
컬라커시오, 마이클(Colacurcio, Michael) - 41, 46, 47, 51, 60, 68, 75, 81
코웬호벤, 존 A(Kouwenhoven, John A.) - 133
콜 A. N.(Kaul, A. N.) - 17, 18, 26
퀘이커 교도(Quakers) - 28, 43~47, 50~53
크롤리, J. 도날드(Crowley, J. Donald) - 22
크루스, 프레드릭(Crews, Frederick) - 88

ㅌ

타프, 잭(Tharpe, Jack) - 117
터너, 알린(Turner, Arlin) - 11, 13, 22
토크빌, 알렉시스(Tocqueville, Alexis de) - 18

ㅍ

페어뱅크스, 헨리 G.(Fairbanks, Henry G.) — 16
페털리, 쥬디스(Fetterley, Judith) — 105, 108
포글, 리차드 하터(Fogle, Richard, Harter) — 42, 135, 137
포우, 에드거 앨런(Poe, Edgar Allen) — 22
포웰, 닐(Powell, Neil) — 111
퍼셀, 에드윈(Fussel, Edwin) — 79
프랭클린, 벤자민(Franklin, Benjamin) — 58
프린, 헤스터(Prynne, Hester) — 145~150, 152, 154~157, 159~161, 164~186, 191, 192
플린트, 앨린(Flint, Allin) — 15
피어스, 프랭클린(Pierce, Franklin) — 10
필즈, 제임스 T.(Fields, James T.) — 22

ㅎ

할리건, 존(Halligan, John) — 40
호프만, 대니얼(Hoffman, Daniel) — 34, 88, 90